Bente Birk & Dorthe Jollmann

Små ting i PATCHWORK

Foto
Jette Ladegaard

Bente Birk, f. 1939
Udd. folkeskolelærer
Udd. aftenskoleleder
Fra 1976: eget værksted med udstillinger
Fra 1991: egen butik »Madam Blå – Center for design og patchwork«

Dorthe Jollmann, f. 1955
Teknisk tegner
Har syet patchwork siden 1984
Har afholdt kurser og lavet egne patchworkdesigns

Tak til Carin Jerup for hjælp med nål og tråd

På forlaget Klematis har Bente Birk og
Dorthe Jollmann udgivet:
1994: Jul med Patchwork
1995: Bo med Patchwork
1996: Patchwork til pynt
1996: Country Patchwork
1997: Små ting i Patchwork

Små ting i Patchwork
Tekst: © Bente Birk & Dorthe Jollmann
Tegninger: © Dorthe Jollmann
Foto: © Jette Ladegaard
Forlagsredaktion: Claus Dalby
Layout: Marianne Schultz
Repro og tryk: NordGraf A/S, Aalborg

1. oplag

ISBN 87-7721-841-8

INDHOLD

FORORD

Hvem vil ikke gerne forberede højtider og fester med hyggelig pynt, som kan glæde og pynte overalt i hjemmet?

I denne bog gælder det små patchworkprojekter syet over karton beklædt med pladevat. Teknikken blev introduceret i vores bog *Patchwork til pynt*. Denne bog byder på en lang række nye modeller, som vi har udviklet, fordi ivrige patchworkere hele tiden søger ny inspiration.

Vi har lavet klovneansigter til fastelavnsriset og børneværelset. Og høns, kyllinger og tulipaner til påske. Bamser og barnevogne kan pynte til en barnedåb, og sjove uroer kan laves med fisk, sejlbåde og sommerfugle.

Selvfølgelig mangler der heller ikke modeller til jul. Stjerner, hjerter, nisser, engle og juletræer er blot nogle af de modeller, der kan hygge i årets mørke måneder.

Så længe lager haves, kan stofferne til bogens modeller købes hos Madam Blå Patchwork, og naturligvis fås mange af stofferne også hos andre forhandlere af patchworkstoffer.

God fornøjelse med sytøjet

Bente Birk & Dorthe Jollmann

Madam Blå Patchwork
Oldvejen 2, Lønholt
3480 Fredensborg
Tlf. 4848 3737
Fax: 4848 5051

MATERIALER

Det kræver ikke mange materialer at sy bogens modeller. Nål, tråd, stofrester, pladevat, lidt karton og en smule lim, og det varer ikke længe, før der er gang i sytøjet!

I dette afsnit vil der kort blive gennemgået, hvad du får brug for.

Mønsterkarton

Til optegning af mønstre er det nemt og hurtigt at bruge mønsterkarton. I denne bog er der brugt to typer – kvadreret (1 x 1 cm) eller trekantet (2 cm). Alle modeller i bogen er vist i fuld størrelse, men ved hjælp af mønsterkartonen kan skabelonerne evt. forstørres. Mønsterkarton kan købes i patchworkforretninger, se adresselisten bag i bogen.

Kartondelene, der skal beklædes, kan evt. klippes i mønsterkartonen, eller du kan bruge de optegnede dele som skabeloner og tegne dem over på tyndt karton, se næste side.

Karton

Til modellerne bruges 200 g karton.

Stof

Til bogens modeller er der anvendt bomuld, silke og guldstoffer. Det er vigtigt at bruge stof af en god kvalitet. I patchworkforretninger kan du købe specielle patchworkstoffer, der er ret tæt vævede, og disse er at anbefale.

Når stoffet skæres eller klippes, bør du være opmærksom på trådretningen, således at trådene kommer til at ligge i samme retning på det færdigsyede arbejde. Ved at lade stregerne på mønsterkartonen følge trådene i stoffet, er du sikker på, at trådretningen altid bliver den samme.

Lim

I stedet for at ri stoffet fast til kartondelene kan det i mange tilfælde betale sig blot at lime stoffet fast, fordi det er hurtigere, se side 8. Der må ikke komme lim ud på kanten af kartonen, for så er der risiko for, at der kommer lim på nålen, når delene sys sammen.

Brug en tynd limstift eller en »roll fix« lim permanent. Roll fix er en tynd, smal dobbeltklæbende limfilm, der sidder i en plasticholder. Ved at køre holderen hen over kartonen, rulles limfilmen på.

Der bruges altid limstift, når pladevattet limes fast på kartondelenes forsider.

Pladevat

For at give fylde er der til alle modeller anvendt tyndt pladevat. Pladevattet limes på kartondelene, inden de beklædes med stof.

Fyld

I nogle af modellerne kommes lidt fyld mellem kartondelene, inden de sys sammen. Det gøres for at give et fyldigere udseende. Brug evt. rester af det tynde pladevat, der plukkes i mindre stykker. I hobbyforretninger kan du også købe forskellige former for anvendeligt fiberfyld.

Nåle og tråd

Til sammensyning er det en fordel at bruge en stærk og tynd nål. Til quiltning kan du købe specielle quiltenåle. Nipsenåle med guldhoveder er brugt som dekoration til bl.a. juletræerne på side 66.

Til ophængning er der brugt sytråd (f.eks. quiltetråd) og perlegarn i matchende farver. Til julemodeller kan der også bruges guld- eller sølvtråd.

Bånd

Til hanke på kurve kan anvendes forskellige snore. Er farven for skrap, kan den dæmpes, ved at snoren koges med lidt stærk te. På denne måde får snoren et »gammelt« og lidt brugt udseende. Gave-, guld- og satinbånd anvendes, når modellen skal have et »finere« udseende, f.eks. til modeller syet i silkestoffer.

Perler

Til øjne er der brugt små grønlandske perler. Helt små træperler kan også anvendes.

OPTEGNING AF SKABELONER

Skabelondelene tegnes på mønsterkarton. Foldelinier, der på mønstrene vises med en punkteret linie, præges med en lille syl eller en kraftig nål langs en lineal. Prægningen gør det nemmere at bukke i foldelinien. Skabeloner med foldelinier tegnes som forklaret nedenfor.

- Tegn den halve mønsterdel på mønsterkarton – dette bliver nu til skabelonen, se tegning 1a og 1b.
- Markér på skabelonen, hvor foldekanten skal være.
- Fold en strimmel stift karton (som ikke behøver at være mønsterkarton), afpasset efter skabelonens størrelse.
- Læg den markerede foldelinie på skabelonen langs strimlens foldede kant.
- Tegn skabelonens omrids på strimlen i det ønskede antal, se tegning 2.
- Klip derefter kartondelene ud gennem begge lag karton.

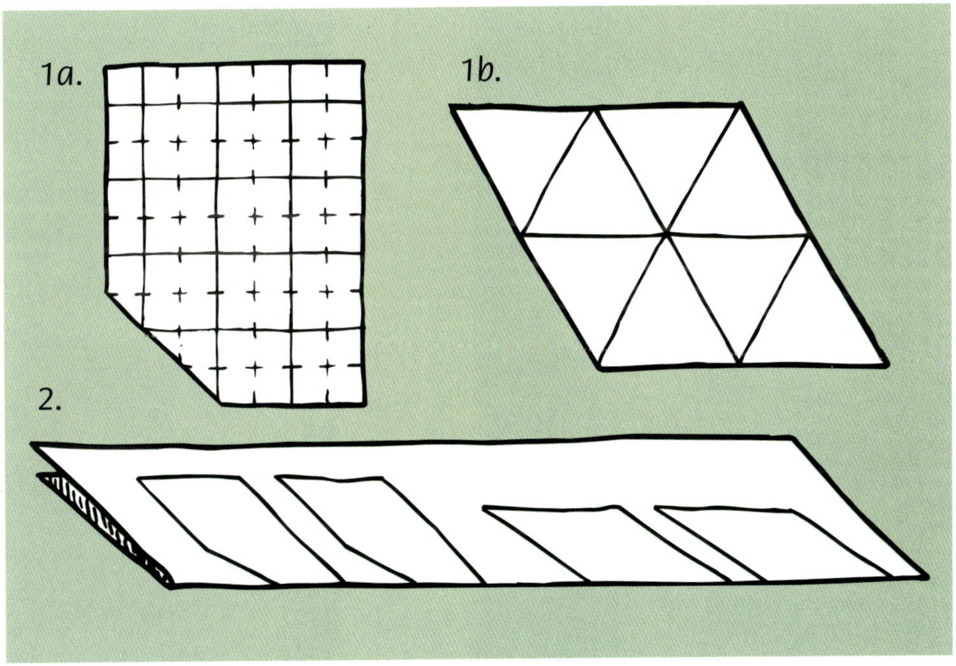

BEKLÆDNING AF MØNSTERDELENE

I dette afsnit forklares, hvordan kartondelene beklædes med pladevat og stof.

- Klip pladevat i samme størrelse som kartondelene.
- Lim pladevat på ydersiden af alle kartondele med en limstift.
- Klip derefter stof efter kartondelenes mål med 7,5 mm sømrum tillagt hele vejen rundt. Nu kan stoffet monteres på forskellige måder:

Lim-metoden

Denne metode er nem at anvende, når modellen har lige sider, se f.eks. æblet på side 32.

- Kom lidt lim på den indvendige side af kartonen langs alle kanter. Limen skal være mindst 2 mm fra kartonens kant for at undgå, at der kommer lim på nålen, når kartondelen sys sammen, se tegning 1a.
- Læg kartondelen med pladevat mod stoffets vrangside med pladevatsiden nedad og fold sømrummet på stoffet ind over limen – først foldes de korte sider og derefter de lange, se tegning 1b.
- Fold kartonen sammen på midten og hold den evt. sammen med en clips, se tegning 1c.
- Sy kartondelen sammen som forklaret på side 10.

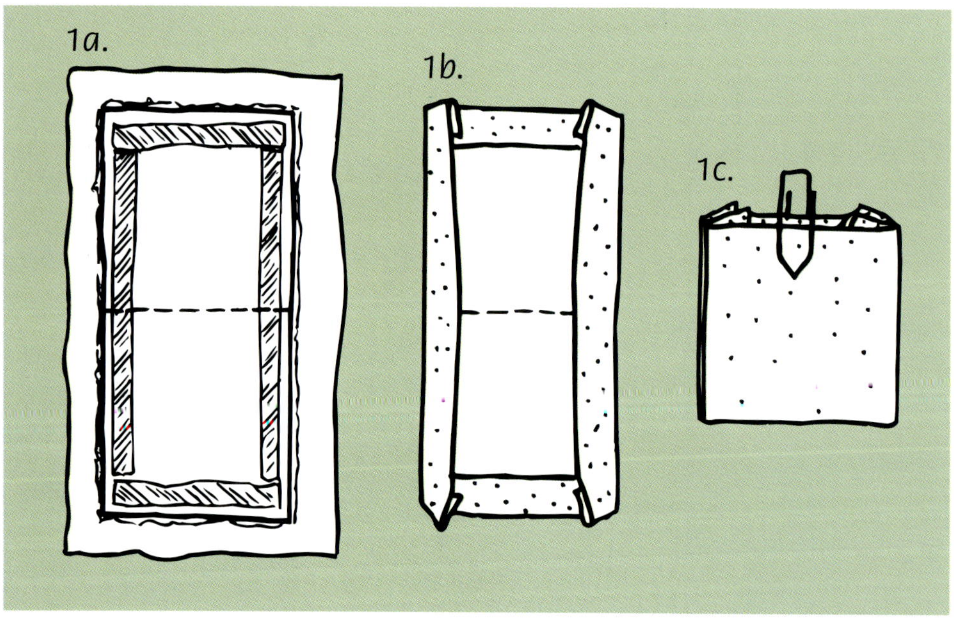

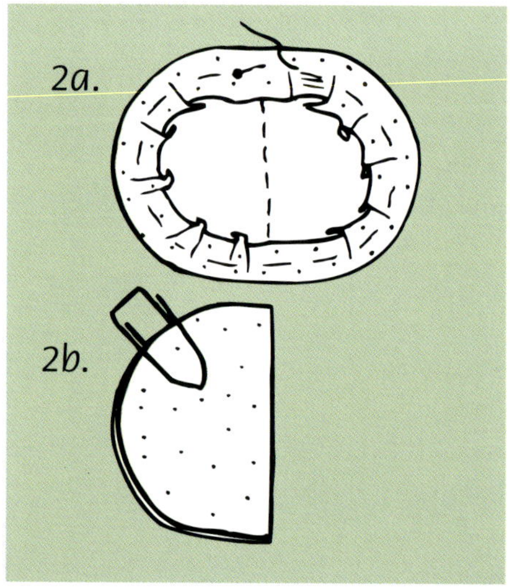

Rynke-metoden

Denne metode bruges, når modellen har buede eller runde sider, som f.eks. klovnens hoved eller krave, se side 14.

- Træk en ritråd langs stoffets kant.
- Læg stoffet med retsiden ned mod bordet.
- Læg kartondelen med pladevattet mod stoffets vrangside.
- Træk forsigtigt i rynketråden, så sømrummet folder sammen om kartonen, se tegning 2a.
- Hæft sytråden med nogle sting i sømrummet.
- Fold kartonen sammen på midten og hold den evt. sammen med en clips, se tegning 2b.
- Sy kartondelen sammen som forklaret på side 10.

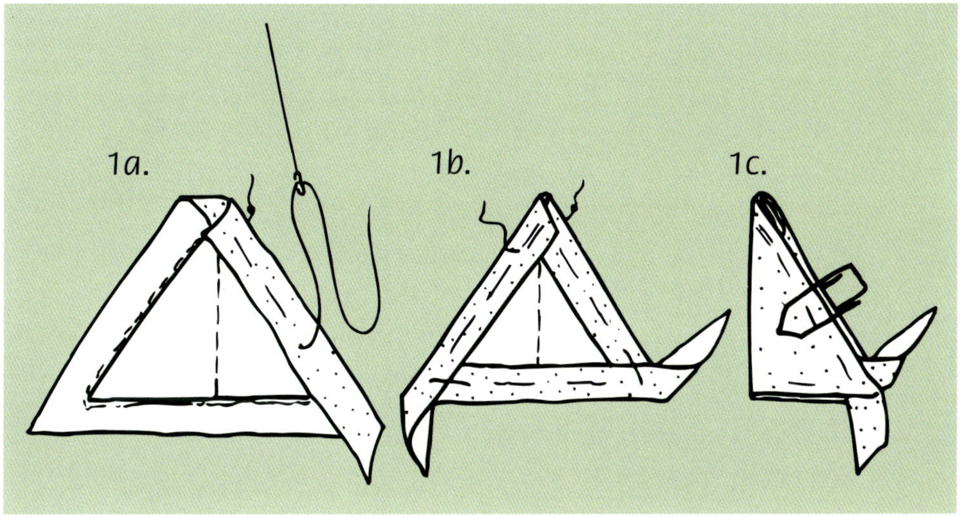

Ri-metoden

Denne metode er anvendelig til alle kartondele uanset form.

- Læg kartondelen med pladevat mod stoffets vrangside med pladevatsiden nedad.
- Slå knude for enden af ritråden.
- Stik nålen gennem stof, pladevat og karton, så knuden ligger på retsiden af kartondelen.
- Fold sømrummene ind, efterhånden som der ries hele vejen rundt, se tegning 1a.
- Sy et ekstra sting for at hæfte ende og klip enden af 1 cm over pappet, se tegning 1b.
- Fold kartonen som vist på tegning 1c. Sy sammen som forklaret på side 10.

Når kartondelen til sidst er syet sammen, klippes knuden på ritråden af, og tråden trækkes forsigtigt ud.

Kartondele med indhak

Nogle af kartondelene har et »indhak«. Her forklares, hvordan disse dele sys.

- Læg kartondelen med pladevat mod stoffets vrangside med pladevatsiden nedad.
- Fold sømrummet omkring uden at tage hensyn til indhakket, se tegning 2a.
- Fold kartonen sammen, se tegning 2b.
- Skub med en nål det udstikkende sømrum ind på plads, se tegning 2c.
- Hold sammen med en clips og sy som forklaret på side 10.

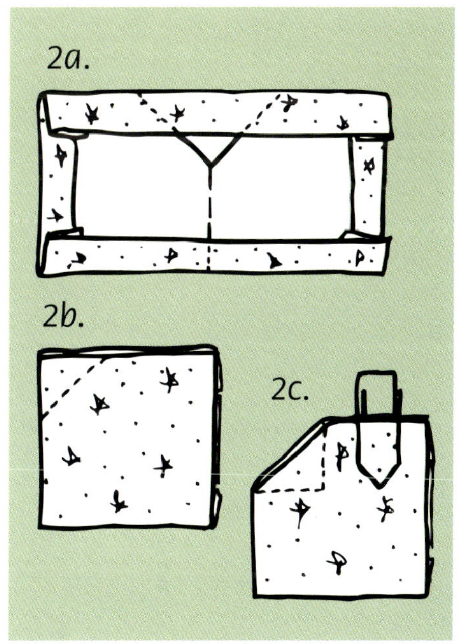

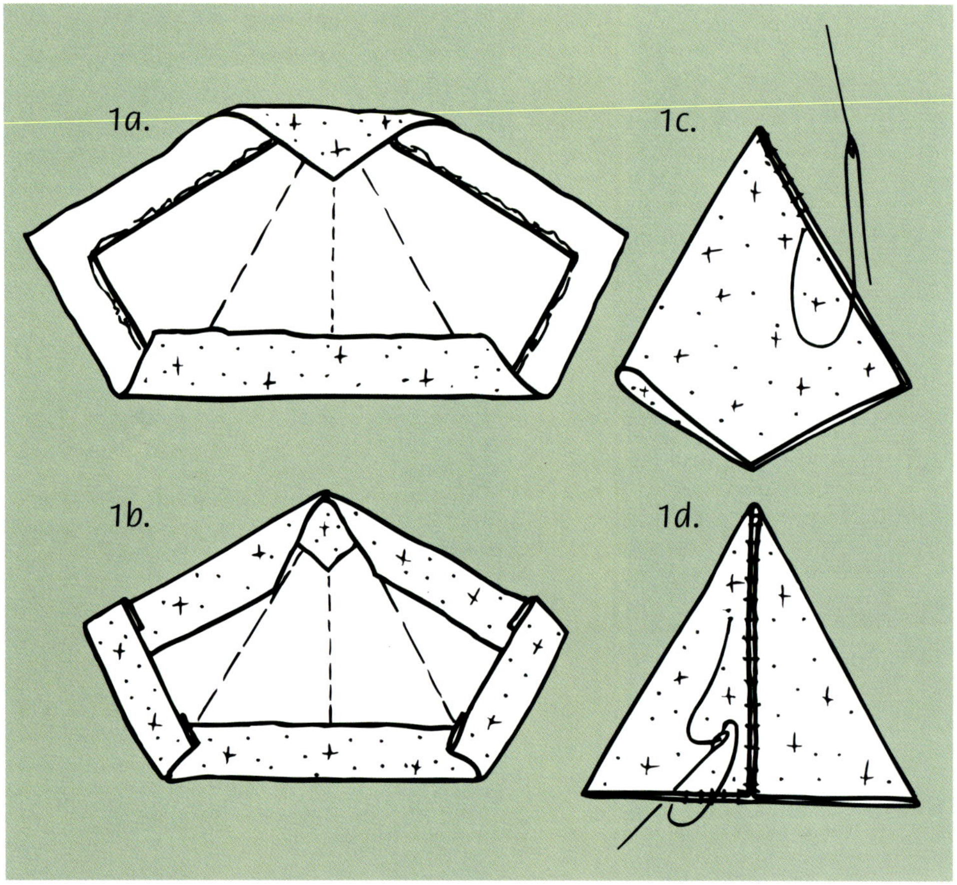

Beklædning af trekanter

Her forklares, hvordan femkantede kartondele beklædes og formes til trekanter.

- Læg kartondelen med pladevat mod stoffets vrangside med pladevatsiden nedad.
- Fold sømrummet på stoffet ind over top og bund som vist på tegning 1a.
- Fold derefter de øvrige sømrum ind, se tegning 1b.
- Fold kartonen blødt sammen på midten vrang mod vrang og sy sammen fra toppen, se tegning 1c.
- Tryk derefter formen sammen til en trekant og sy bunden som vist på tegning 1d.

SAMMENSYNING

- Sy siderne sammen med små usynlige sting. Afstanden mellem stingene skal være ca. 3 mm. Sømrum, der »titter« ud, skubbes ind på plads med nålen.
- Læg stingene vinkelret på papsiden, se tegning 2a.
- Sy fra højre mod venstre.

Når to færdige dele skal sys sammen, holdes de tæt og sys sammen med små sting, se tegning 2b. Der sys sammen fra begge sider, hvor det kan lade sig gøre.

APPLIKATION

Når du syr stofstykker med et ombukket sømrum på et andet stykke stof, kaldes det applikation. Flere af bogens modeller, der er syet over pap, er anvendelige til applikation, se f.eks. klovnen på billedet side 15. Når der applikeres, skal modellerne ikke være dobbelte.

- Klip kartondelene til modellen efter skabelonerne.
- Klip derefter stofferne til efter kartondelene plus 7,5 mm sømrum.
- Fold stofkanterne omkring kartonen – hold dem evt. fast med en ritråd som forklaret på side 9. De kan også presses omkring kartonstykket med et strygejern – stoffet presses fra kartonsiden ind mod midten, så kanterne bliver helt skarpe.
- Sy de forskellige dele sammen.
- Fjern derefter kartonen.
- Placer modellen på patchworkstykket og hæft det fast med knappenåle.
- Sy stoffet fast med små usynlige sting.

Består modellen af flere dele, kan du sy dem sammen, inden de applikeres på bundstoffet. Men du kan også sy delene på bundstoffet ét for ét.

MODELLER

I dette afsnit forklares ganske kort om nogle nemme og enkle grundmodeller, som bogens modeller kan applikeres ned på – en grydelap, en løber og en dækkeserviet. Desuden er der på side 13 en anvisning på en servietring.

Skæring af stof

Ønsker du at sy større ting til at applikere nogle af bogens modeller ned på, er det en god idé at anskaffe sig et skærehjul til at skære de forskellige dele med. Skærehjulet kan købes i patchworkforretninger og større hobby- eller stofbutikker. Med det kan du uden problemer skære gennem fire-otte lag stof på én gang, og du er sikker på, at kanterne bliver helt lige og uden trevler. Når skærebladet bliver slidt, kan det skiftes ud.

Der findes specielle skærehjul, hvor det runde blad er beskyttet, så du ikke risikerer at skære dig.

Til at skære stofferne på bruges et specielt skæreunderlag af gummi. Underlaget kan købes hos boghandlere eller i butikker, der handler med artikler til patchwork.

Skærelineal

Der skæres langs en skærelineal, som også kan købes i forretninger, der handler med patchworkartikler. Linealen er gennemsigtig med påtrykte linier med 1 cm afstand. Desuden er der angivet 60, 45 og 30 graders vinkler.

- Placer stoflagene oven på hinanden og læg dem på skæreunderlaget.
- Skær kanten helt ren og vinkelret efter linealen.
- Skær derefter strimler som vist på tegningen nedenfor. Bredden af strimlerne måles ud ved hjælp af de påtrykte linier.

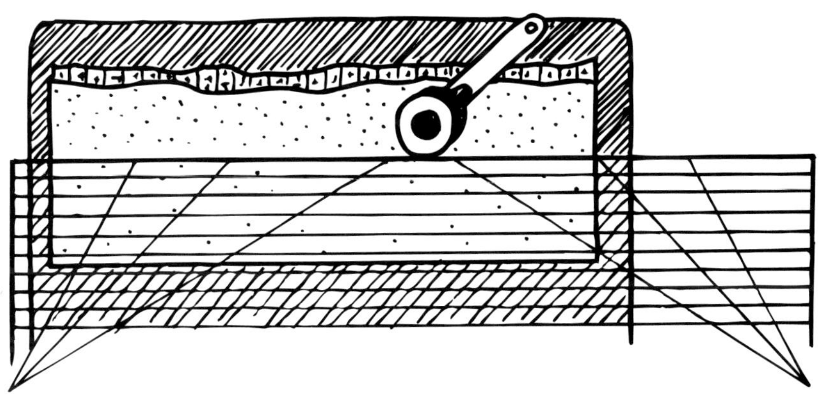

Grydelap

En grydelap sys nemt og hurtigt af 8 og 4 cm brede strimler + sømrum.

- Sy strimlerne sammen.
- Klip eller skær grydelappen som vist på tegning 1a. Grydelappen skal måle 22 x 22 cm.
- Monter grydelappen med skråbånd som vist på tegning 1b. og forklaret på næste side.

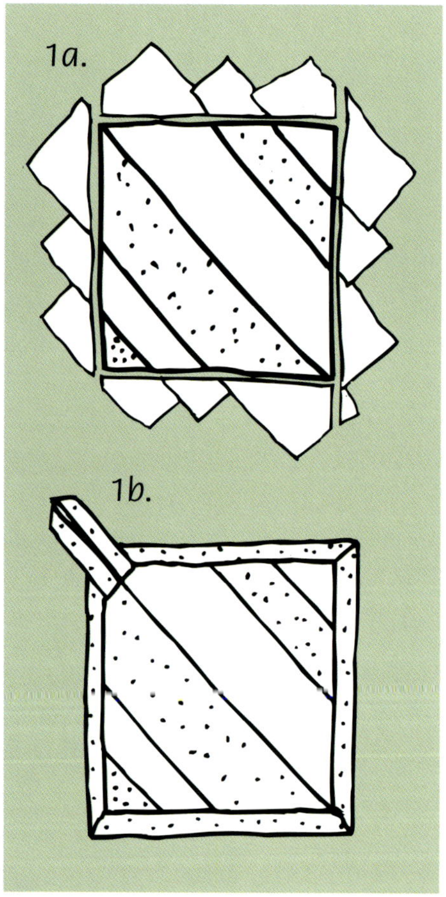

Løber

En løber kan også sys af 8 og 4 cm brede strimler + sømrum.

- Sy strimlerne sammen som vist på tegningen nedenfor.
- Klip eller skær løberen til, så den bliver ca. 40 cm bred og får den længde, du ønsker.
- Monter løberen som forklaret på næste side.

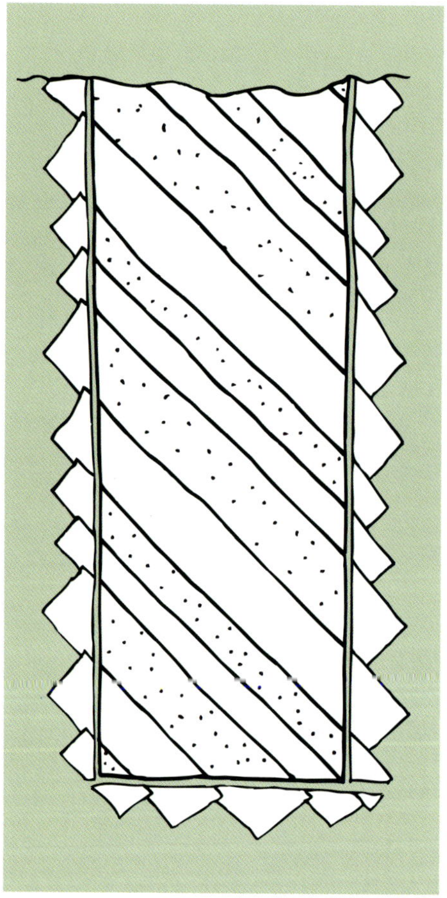

Dækkeserviet

En dækkeserviet sys efter samme princip som grydelappen og løberen.

- Sy strimlerne sammen som vist på tegningen nedenfor.
- Klip eller skær dækkeservietten til, så den måler 32 x 42 cm.
- Monter dækkeservietten som forklaret på næste side.

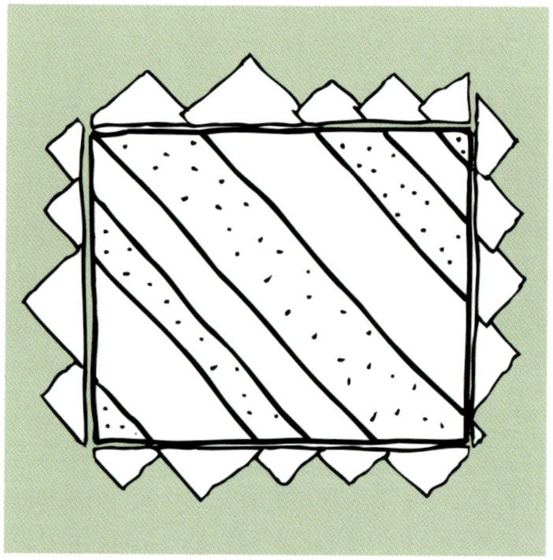

Quiltning

Ved at sy gennem stof, pladevat og bagsidestof – f.eks. omkring applikerede figurer – kan du opnå en meget flot quilte-effekt. Du kan både quilte på maskine og i hånden. Som en gylden regel kan siges, at modeller, der er syet på maskine, også quiltes på maskine. Håndsyede modeller quiltes i hånden.

Montering

Her forklares, hvordan grydelap, løber og dækkeserviet monteres.

- Læg patchworkstykket på bagsidestoffet vrang mod vrang med pladevat imellem.
- Hæft lagene sammen med knappenåle.
- Ri stykkerne godt sammen i hånden.
- Quilt lagene sammen og fjern ritråden.
- Skær kanterne til og sy skråbånd på hele vejen rundt. Til grydelapper sys en strop med i kanten.

Servietring

På billedet side 15 ses, hvordan en klovn er monteret på en servietring, der sys som forklaret nedenfor.

Materialer:
- *mønsterkarton*
- *pladevat*
- *silke eller bomuldsstof*

- Klip delene til servietringen i karton.
- Præg de punkterede linier med en lille syl eller en kraftig nål langs en lineal.
- Beklæd kartondelene med pladevat og stof.
- Fold delene sammen på langs som vist på tegning 1a.
- Sy delene sammen hver for sig og sy dem derefter sammen som vist på tegning 1b.
- Fold i de lodrette bukkelinier og sy sammen til en ring som vist på tegning 1c.
- Sy modellen på forsiden af servietringen som markeret med kryds på tegningen.

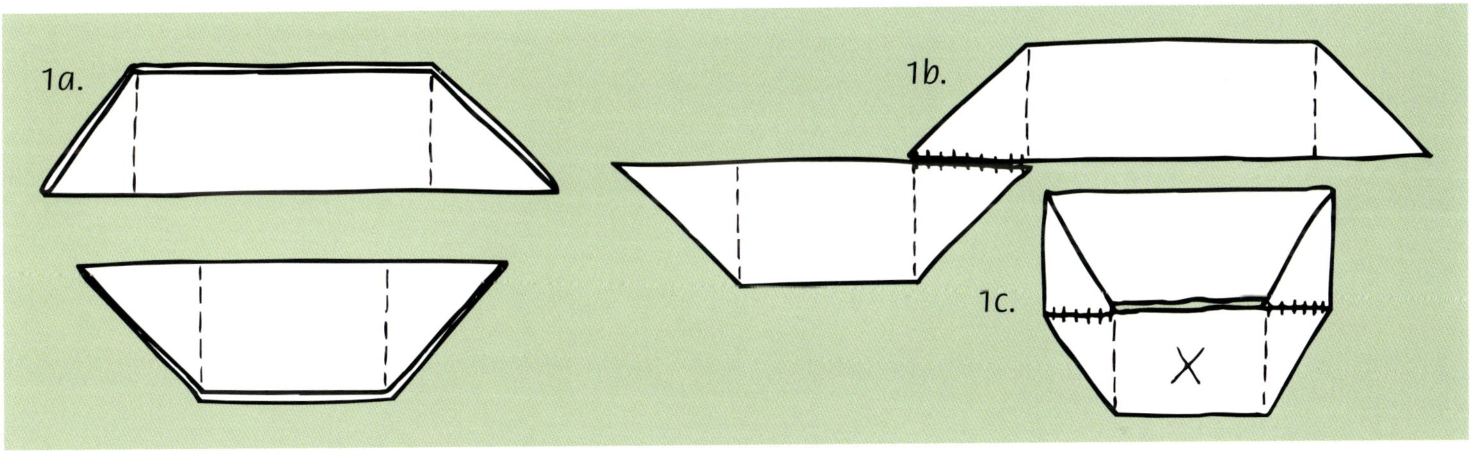

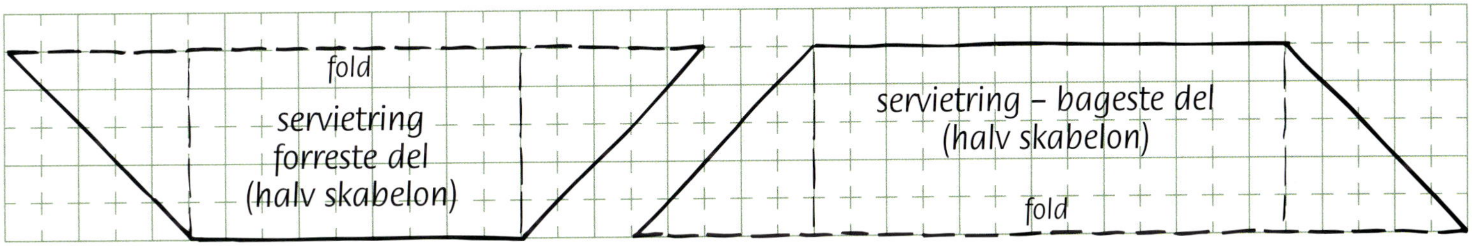

KLOVN

Klovnen er sjov som pynt på et fastelavnsris, til børnefødselsdagen eller i børneværelset. Den kan også applikeres på en dækkeserviet som vist på billedet.

Materialer:
- *mønsterkarton med trekanter*
- *pladevat*
- *lidt fyld*
- *råhvid silke til hoved*
- *silke til hat*
- *ternet eller stribet silke til krave*
- *lidt sort sytråd til øjne*
- *to sorte grønlandske perler til øjne*
- *en rød perle til næse, 4 mm i diameter*

- Klip delene i karton.
- Beklæd kartondelene med pladevat og stof. Til beklædning af hoved og krave er det nemmest at bruge rynkemetoden, se side 8.
- Fold hoved og krave sammen og kom lidt fyld i.
- Sy kraven.
- Sy øverste halvdel af hovedet, stik derefter kraven ind i hovedet nedefra og sy hovedet fast til kraven på begge sider, se tegningen.
- Femkanten til huen foldes og sys sammen til en trekant med lidt fyld i som forklaret på side 10 – bunden skal ikke sys endnu.
- Stik hovedet op i hatten og sy det fast fra begge sider.
- Tegn to krydser på ansigtet med en blød blyant, hvor øjnene skal være, se tegningen.
- Sy øjnene med dobbelt sort sytråd og sy derefter en perle fast oven på krydset som vist på billedet.
- Sy den røde perle på som næse.
- Sæt tråd i til ophæng.

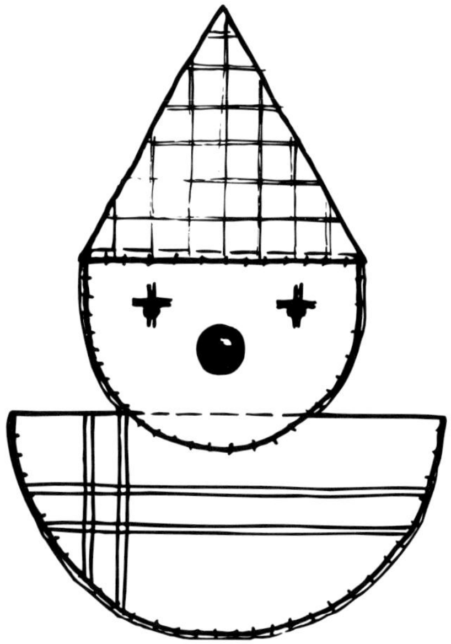

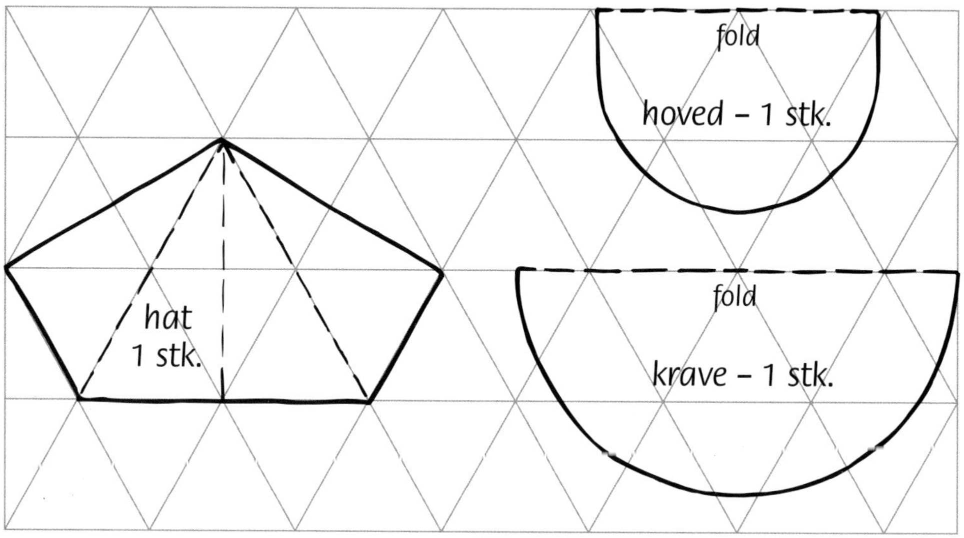

HØNE OG KYLLING

Høns og kyllinger er smukke som påskepynt på nyudsprungne grene.

Materialer:

- *mønsterkarton med tern*
- *pladevat*
- *lidt fyld*
- *råhvid eller gul silke til krop*
- *rød silke til næb*
- *sorte grønlandske perler til øjne*
- *rødt perlegarn til kam*
- *rødt bast eller mat bomuldsgavebånd til ben*

- Klip delene i karton.
- Beklæd kartondelene med pladevat og stof.
- Klip til kyllingens og hønens næb silkestykker på henholdsvis 3 x 3 og 4 x 4 cm.
- Til kyllingens og hønens ben klippes bast eller bånd på henholdsvis 10 og 15 cm. Til hønens ben klippes to stykker.

Høne

- Fold delene sammen og kom lidt fyld i hoveddelen.
- Fold det røde silkestykke til næb som vist på tegning 1a.-1e.
- Stik næbbet ind i hoveddelen, så størrelsen passer.
- Sy hoveddelen sammen, så næbbet bliver syet med i sømmen.
- Læg de to bånd sammen og slå en knude 1 cm fra enderne.
- Klip enderne igennem på midten op til knuden, så der bliver fire tæer – se tegningen overfor til højre.
- Fold benene sammen på midten og stik dem op i kroppen ved de to krydser.
- Sy bagdelens tre korte sider, så benene bliver syet med i sømmen forneden.
- Stik hoveddelen 1,5 cm ind i bagdelen og sy delene sammen som vist på billedet.
- Sy perler på som øjne.
- Sy en kam som en række løkker af perlegarn øverst på hovedet.
- Sæt tråd i til ophæng.

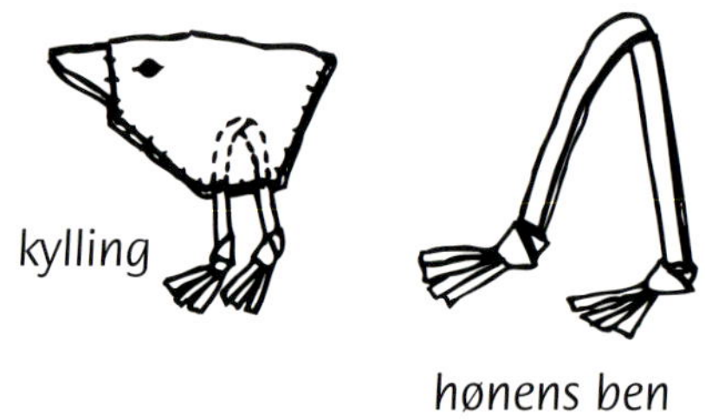

Kylling

- Fold kyllingens næb som vist på tegning 1a.-1e.
- Bind knuder på båndet til benene 7-8 mm fra enderne og fold båndet sammen på midten.
- Klip op til tre tæer.
- Sy kyllingen sammen med lidt fyld i – læg næbbet og benene imellem.
- Sy perler på som øjne.
- Sæt tråd i til ophæng.

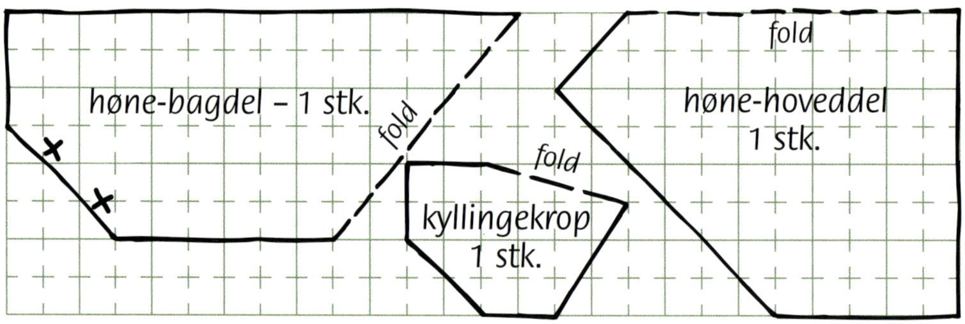

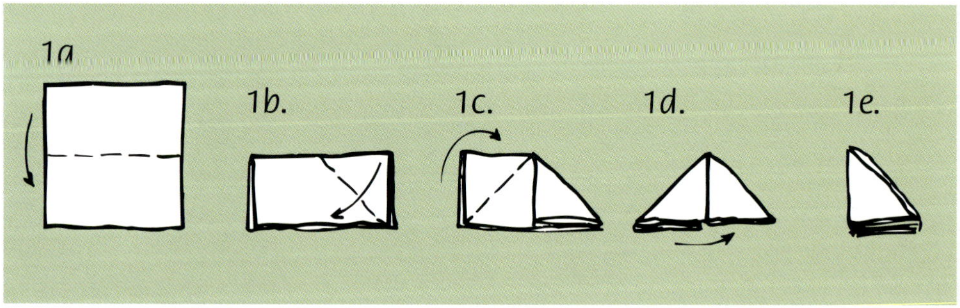

TULIPAN

Tulipanerne kan sys i glade farver, der varsler forår og sommerens komme. Ophængt i et vindue er de meget dekorative.

Materialer:

- *mønsterkarton med trekanter*
- *pladevat*
- *lidt fyld*
- *to forskellige silker til tulipan*
- *to forskellige grønne stoffer til blade*
- *en perle, 6 mm i diameter*

- Klip delene i karton.
- Beklæd kartondelene med pladevat og stof.
- Fold bladene sammen, kom lidt fyld i og sy.
- Sy bladene sammen på midten, så der dannes fire spidser, se billedet.
- Klip tre silkestykker på hver 5 x 5 cm og fold dem til blomsterspidser som vist på tegning 1a.-1e.
- Fold delene til tulipanblomsten sammen, kom lidt fyld i og stik de foldede spidser på plads i hver sin del som vist på tegning 2.
- Sy sammen.
- Sy de tre dele til tulipanblomsten sammen, så de foldede spidser støder sammen på midten.
- Træk en sytråd mellem blade og tulipanblomst – på tråden sættes en perle til at holde afstand.
- Træk en sytråd gennem tulipanblomsten til ophæng.

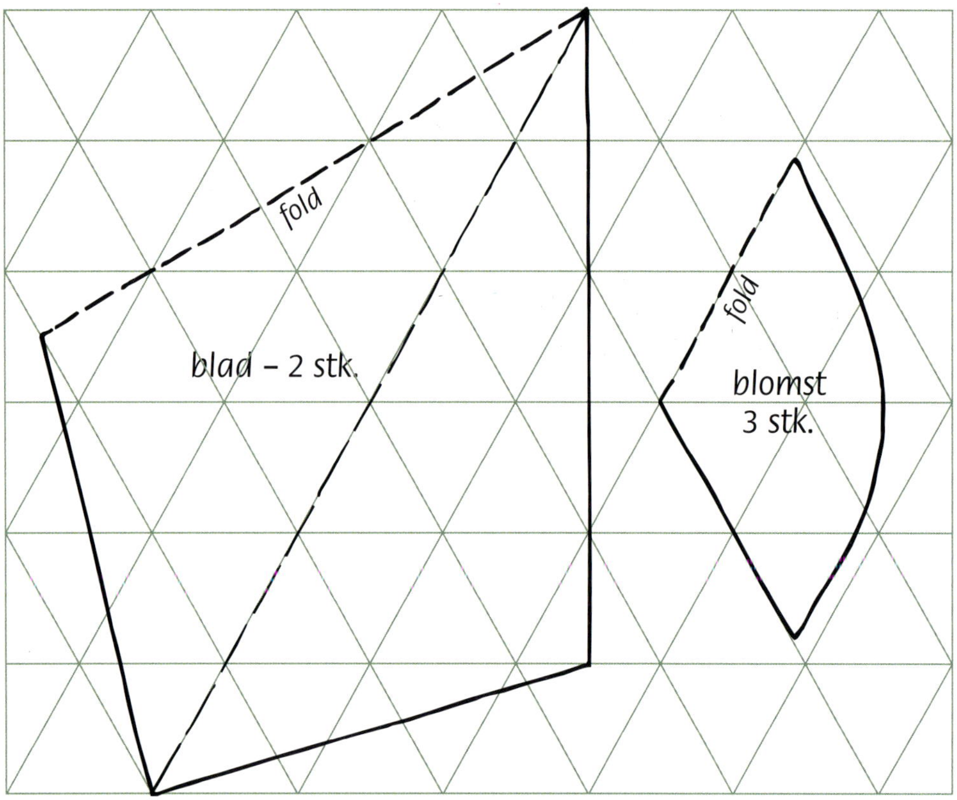

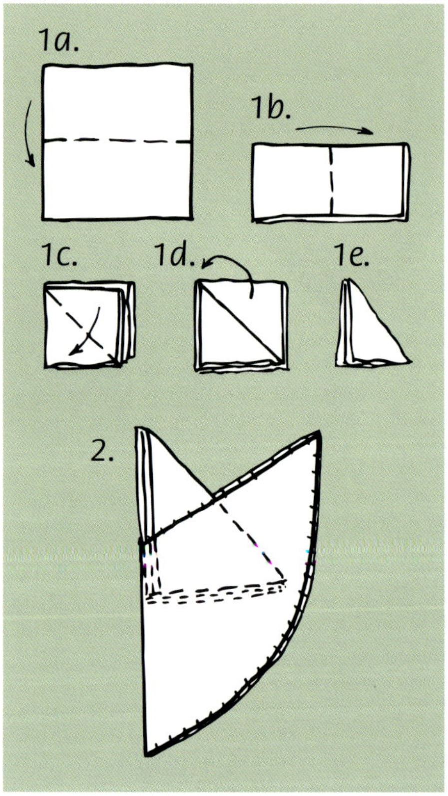

TULIPANKURV

De fine tulipankurve er dekorative til påske. Til jul kan kurvene sys i julestoffer, så ligner de små kongekroner, der kan hænges på juletræet.

Materialer:
- *mønsterkarton med trekanter*
- *pladevat*
- *forskellige stoffer*
- *20 cm snor til én hank*

- Klip delene i karton.
- Femkanterne foldes og sys sammen til trekanter som forklaret på side 10 – de to modstående sider skal parvis have samme stof.
- Beklæd bunden med pladevat og stof, fold den sammen og sy.
- Sy først to sider på bunden som vist på tegning 1.
- Læg de to andre sider udenpå og sy dem fast til bunden som vist på tegning 2.
- Sy hanken på som vist på billedet.

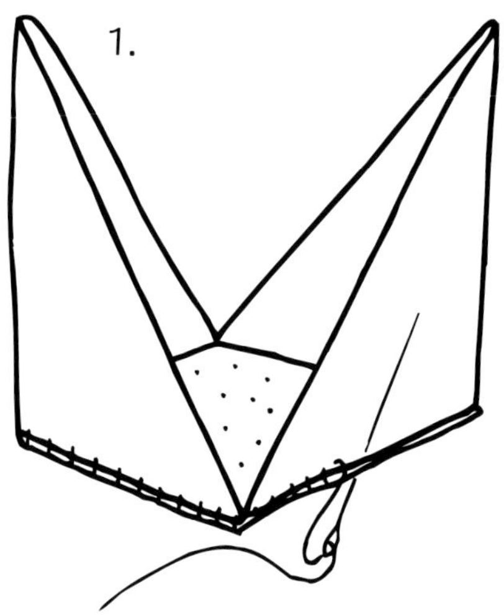

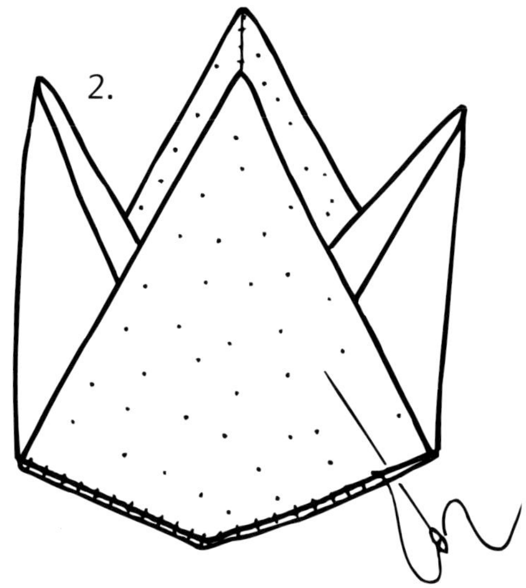

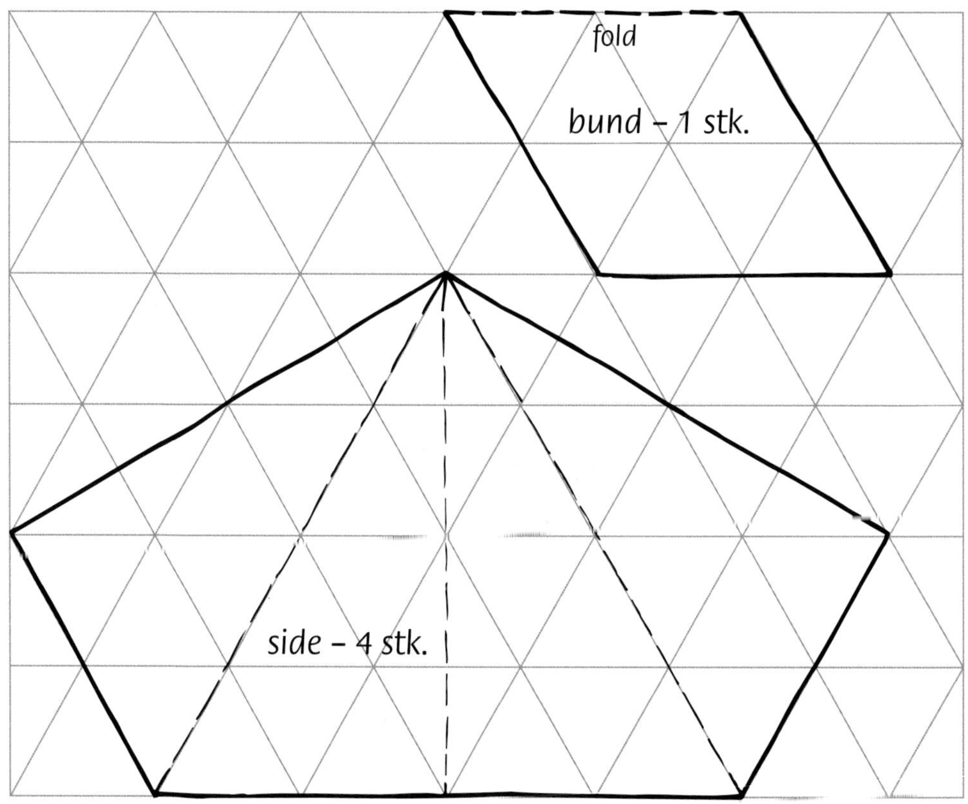

BARNEVOGN

Den lille barnevogn er sød som pynt til en barnedåb, men den er også en kær barselsgave, evt. som vedhæng til et kort i matchende farvet karton. Hvis der bruges tykke knapper til hjul, kan barnevognen stå, og et bordkort kan evt. stikkes ned i vognen ved kalechen.

Materialer:
- *mønsterkarton med tern*
- *pladevat*
- *lidt fyld*
- *røde stoffer til barnevogn*
- *fire knapper til hjul, 2 cm i diameter*
- *8 cm tynd lædersnor eller lignende til håndtag*

- Klip delene i karton.
- Beklæd kartondelene med pladevat og stof – brug limmetoden, se side 8.
- Fold kartondelene sammen og stik kalechen ned i vognen.
- Kom lidt fyld i og hold delene sammen med knappenåle.
- Lav et håndtag af snoren, der foldes på midten.
- Stik håndtaget ned i barnevognen og sy det med i sømmen som vist på tegning 1.
- Sy siderne sammen.
- Sy knapperne parvis på som hjul, se tegning 2.
- Sæt evt. tråd i til ophæng.

1.

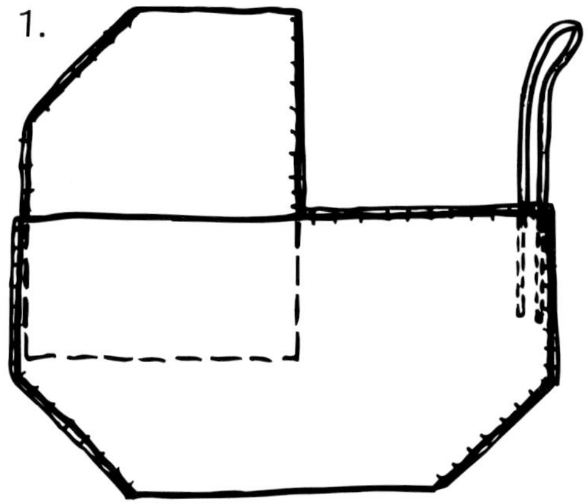

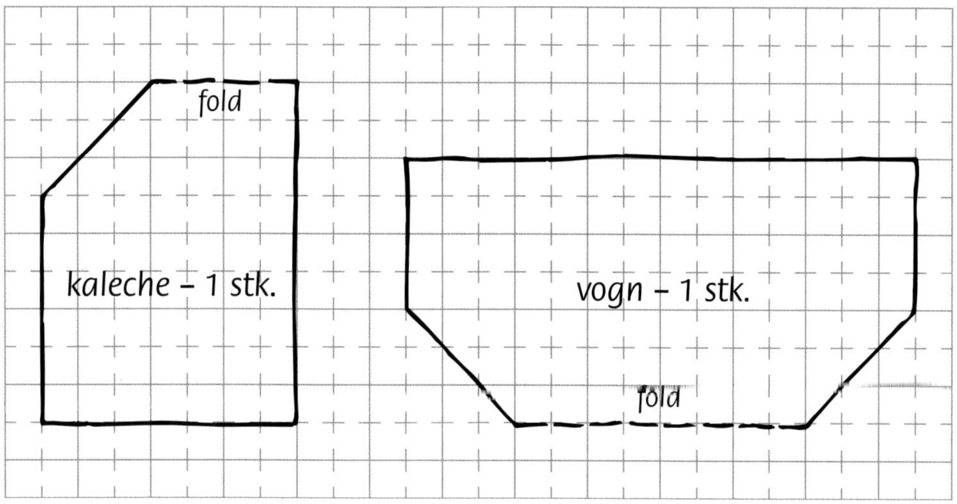

2.

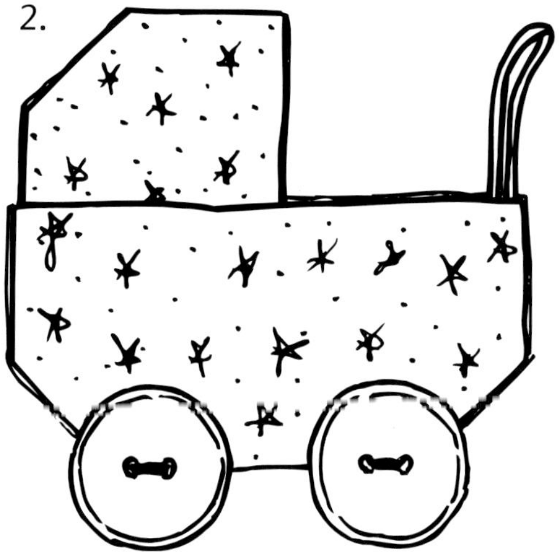

BAMSE

Bamsen kan bruges som pynt til barnedåben eller måske som en uro til børneværelset.

Materialer:
- *mønsterkarton med tern*
- *pladevat*
- *lidt fyld*
- *stof til bamse*
- *to sorte perler til øjne, 2 mm i diameter*
- *sort broderegarn til næse*
- *otte små knapper, 10 mm i diameter*
- *20 cm satin- eller silkebånd til én sløjfe*

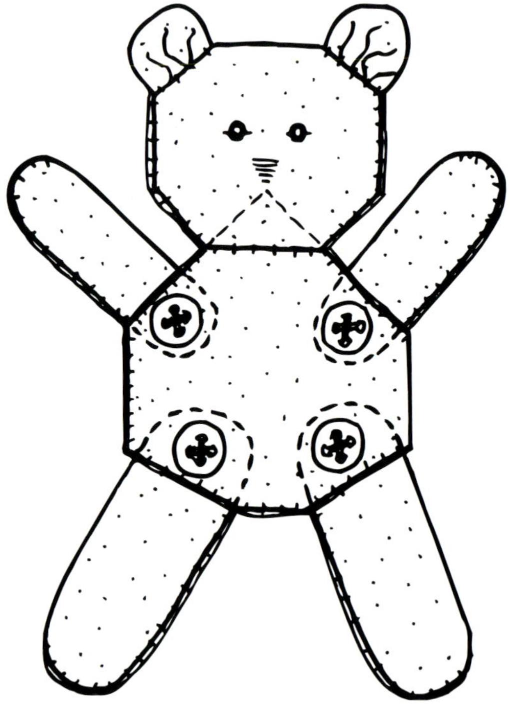

- Klip delene i karton.
- Beklæd kartondelene med pladevat og stof.
- Fold arme og ben sammen, kom lidt fyld i og sy.
- Klip to stofstykker på hver 5 x 5 cm til ører.
- Læg en lille smule fyld på stoffet, træk en ritråd langs stoffets kant og rynk det sammen omkring fyldet. På denne måde laves to ører.
- Fold hovedet sammen, kom lidt fyld i og placer ørerne imellem.
- Fold kroppen sammen, kom lidt fyld i og stik den ind i hovedet som vist på tegningen.
- Sy sammen med ørerne imellem.
- Placer arme og ben på bagsiden af kroppen som vist på tegningen og sy dem fast med knapper på hver side.
- Sy to perler på som øjne og brodér næsen.
- Bind en sløjfe om halsen.
- Sæt tråd i til ophæng.

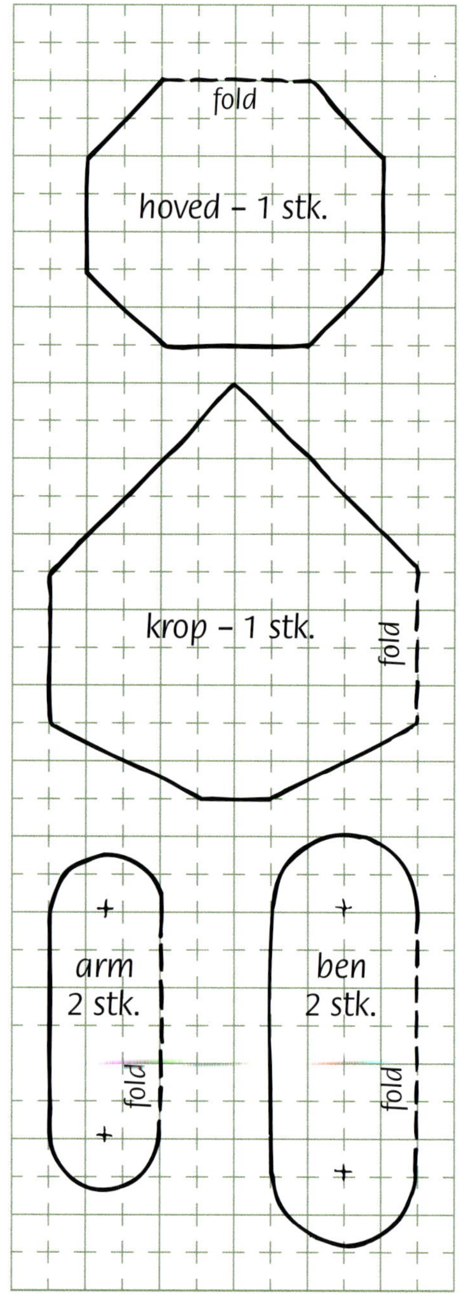

SOMMERFUGL

Sommerfuglene kan sys i mange forskellige farver. Når hele flokken er færdig, hænges sommerfuglene op som vist på billedet. Her ses også, hvordan en sommerfugl kan applikeres på en dækkeserviet

Materialer:
- *mønsterkarton med tern*
- *pladevat*
- *lidt fyld*
- *forskellige stoffer til vinger og krop*
- *10 cm totrådet hørtråd til følehorn*

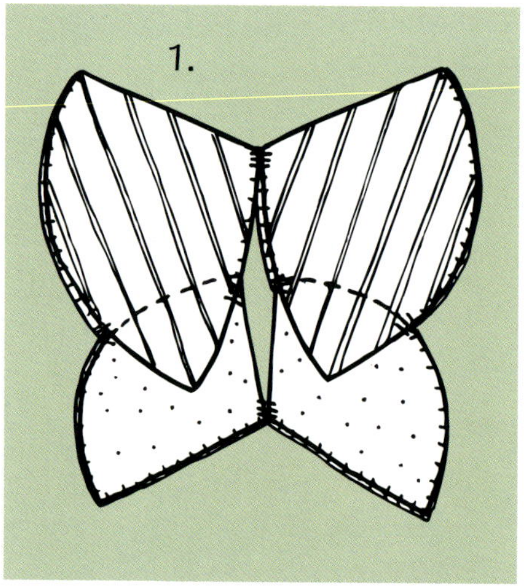

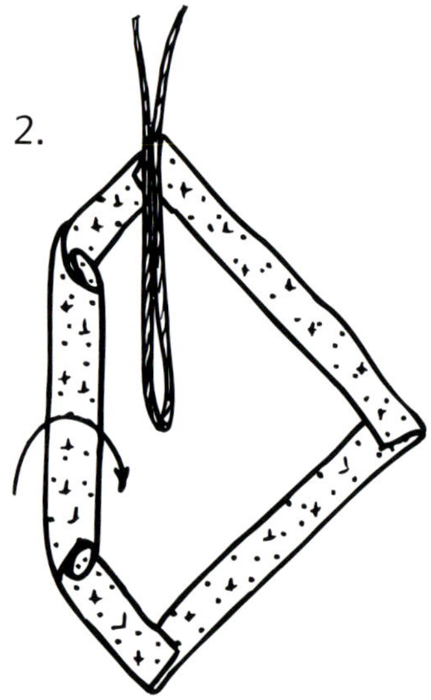

- Klip delene i karton.
- Beklæd kartondelene med pladevat og stof. På nederste del af de store vinger beregnes ekstra sømrum, fordi vingerne »svipper« ud, se billedet.
- Fold de små vinger sammen, kom lidt fyld i og sy.
- Fold de store vinger sammen, kom lidt fyld i og sy dem delvis sammen som vist på tegning 1.
- Stik de små vinger ind i de store og hæft dem sammen ved skæringspunkterne – de store vingers nederste del skal være åbne og bøjes let udad som vist på billedet.
- Hæft vingerne sammen øverst og nederst som vist på tegning 1.
- Klip et stykke stof på 7 x 7 cm til krop.
- Stryg sømrummet ind, fold hørtråden sammen på midten og læg den på vrangsiden af stoffet som vist på tegning 2.
- Rul kroppen diagonalt sammen ved at begynde i det ene hjørne, se tegning 2.
- Stik kroppen ned midt i sommerfuglen og sy den fast til vingerne som vist på billedet.
- Træk sytråd på oversiden af de store vinger som ophæng, se billedet.

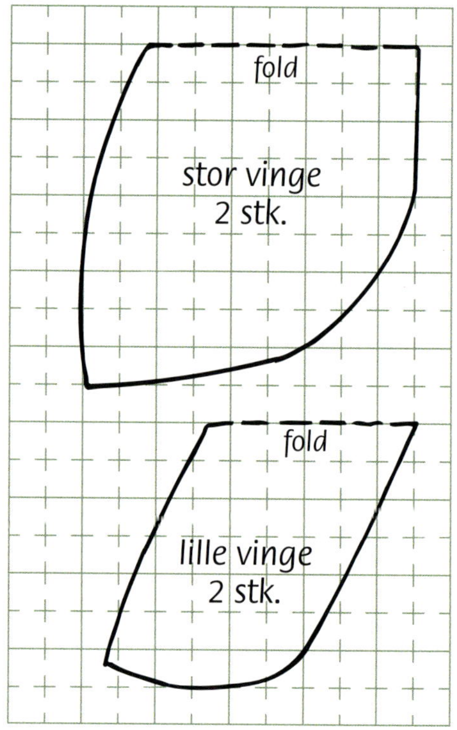

SEJLBÅD

Sejlbåden kan bruges til en flot uro, evt. kombineret med fiskene fra side 30.

Materialer:

- *mønsterkarton med tern*
- *pladevat*
- *silke til sejl og båd*
- *10 cm tynd pind til én mast (grillpind)*

- Klip delene i karton.
- Beklæd kartondelene med pladevat og silke.
- Fold sejlene sammen og sy.
- Fold båden sammen og sy de to ender.
- Stik masten ned i midten af båden, så den rører bunden.
- Stik sejlene 5 mm ned i båden på hver side af masten.
- Hold delene sammen med knappenåle.
- Sy sejlene fast til båden på begge sider.
- Sy sejlene fast til masten som vist på tegningen.
- Sæt tråd i til ophæng.

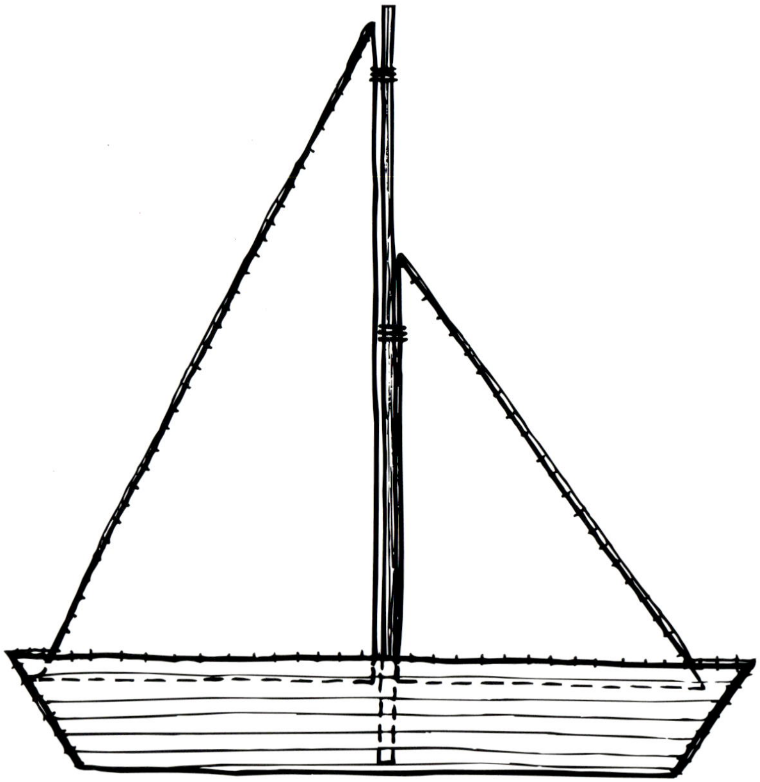

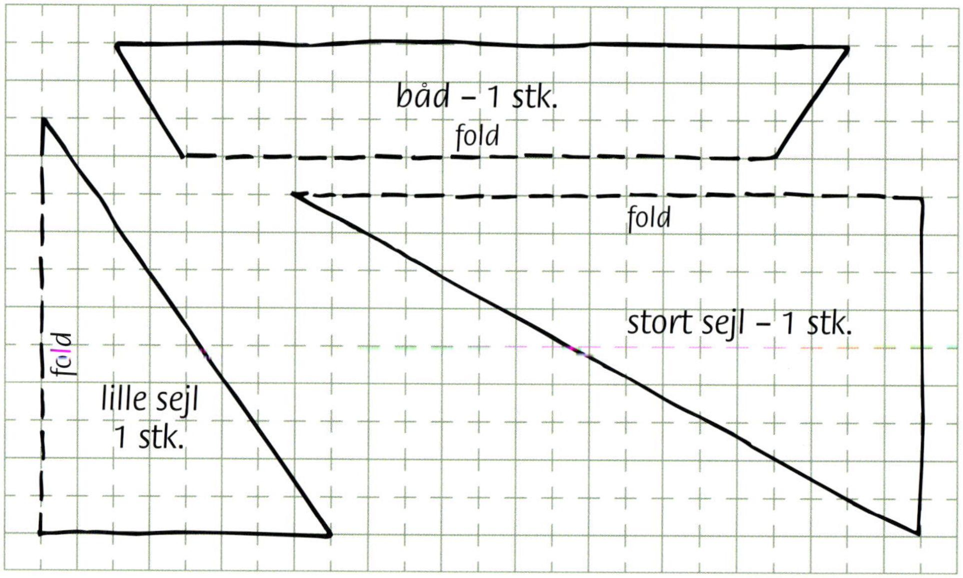

FISK

De store og små fisk sys som forklaret nedenfor.

Materialer:
- *mønsterkarton med trekanter*
- *pladevat*
- *lidt fyld*
- *silke til krop og hale*
- *to perler til øjne, 4 mm i diameter*

- Klip delene i karton.
- Beklæd kartondelene med pladevat og silke.
- Femkanterne til kroppen og halen foldes og sys sammen til trekanter (med lidt fyld i kroppen) som forklaret på side 10 – bunden på kroppen skal ikke sys endnu.
- På tegning 2 ses, hvordan der til en stor fisk bruges to krop-trekanter. Til en lille fisk bruges kun én krop-trekant.
- Stik halen ind i kroppen og sy sammen som vist på tegning 1.
- Sy perler på som øjne – hullerne i perlerne skal vende frem. På den måde kommer perlerne til at ligne rigtige fiskeøjne.
- Sæt tråd i til ophæng.

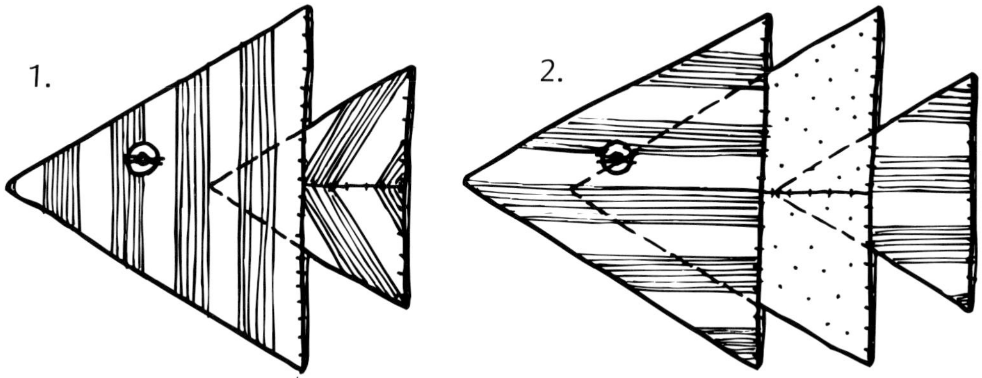

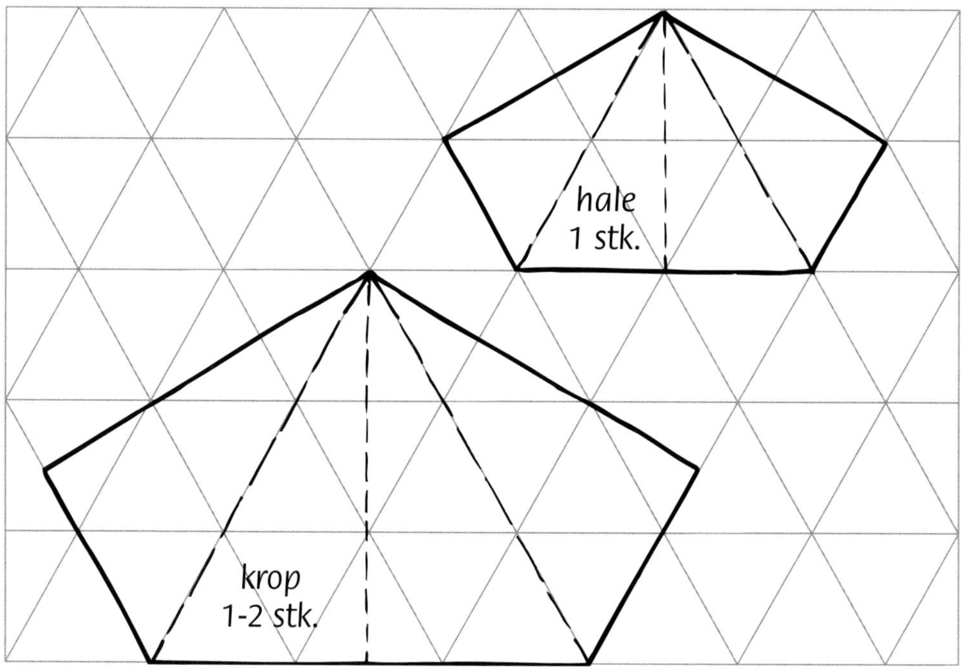

ÆBLE

De grønne æbler kan pynte hele året, og sys de i forskellige røde stoffer, bliver de ekstra søde som julepynt.

Et æble er meget dekorativt til applikation på grydelap, dækkeserviet eller løber.

Materialer:

- *mønsterkarton med tern*
- *pladevat*
- *lidt fyld*
- *forskellige grønne stoffer*
- *stof i matchende farve til stilk*
- *lidt naturfarvet totrådet hørtråd til æbleblomst*

- Klip delene i karton.
- Beklæd kartondelene med pladevat og to forskellige stoffer.
- Fold delene sammen på midten og flet siderne ind i hinanden.
- Hold sammen med knappenåle og sy sammen forneden som vist på tegning 1.
- Kom lidt fyld i æblet.
- Klip, fold og rul et stykke stof på 10 x 10 cm til en stilk som vist på tegning 2a.-2c.
- Stik stilken ned i æblet og sy toppen som vist på tegning 3.
- Hæft stilken fast med et par små sting.
- Sy en blomst nederst på æblet med lidt hørtråd, se tegning 3.
- Sæt tråd i til ophæng.

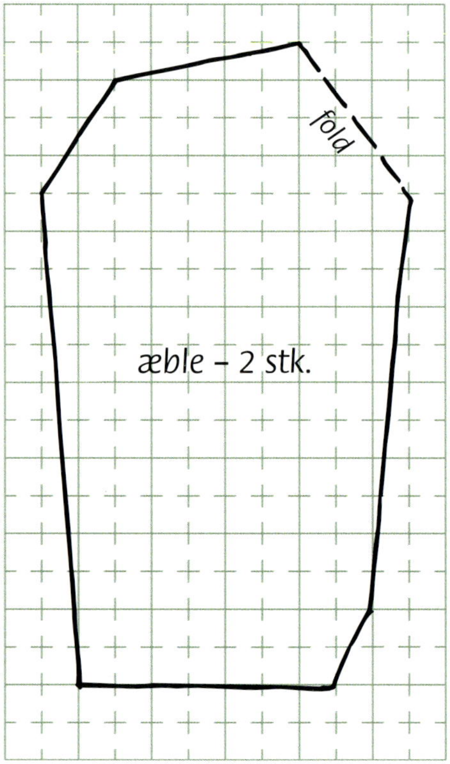

1.

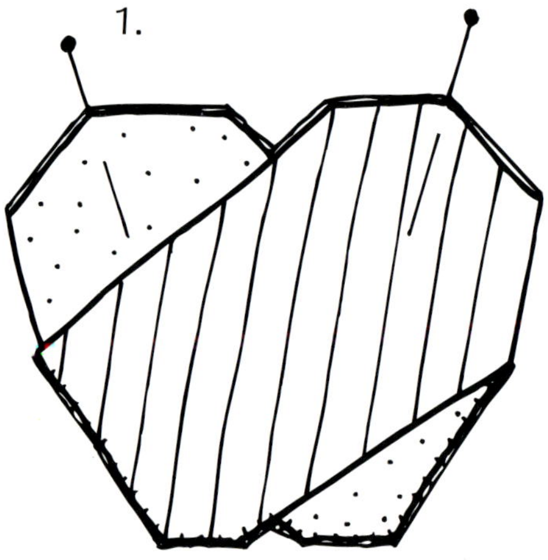

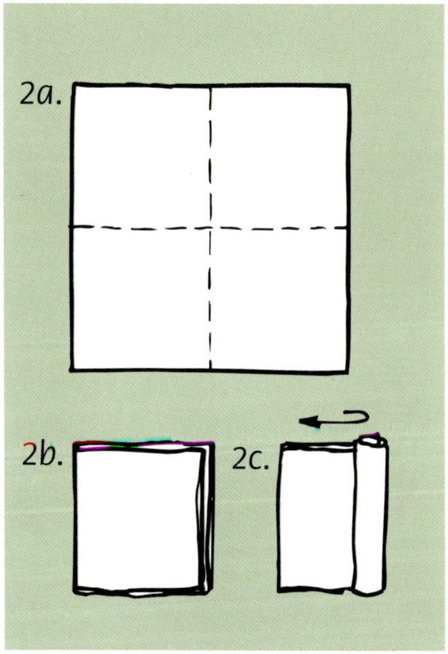

3.

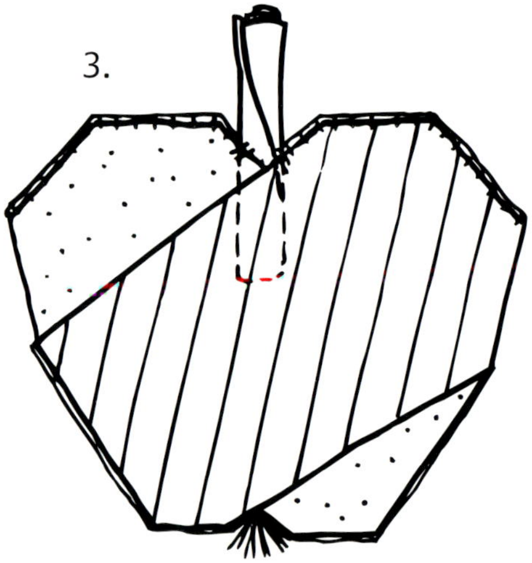

FEMSTJERNE

Denne enkle stjerne kan evt. bruges som pynt i vinduet eller som topstjerne på juletræet, hvis den forstørres.

Materialer:
- *mønsterkarton med tern*
- *pladevat*
- *lidt fyld*
- *stof til stjerne*
- *to knapper*

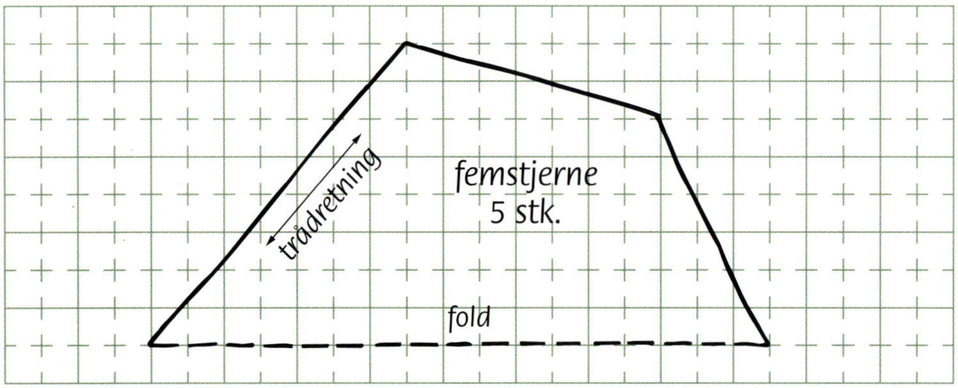

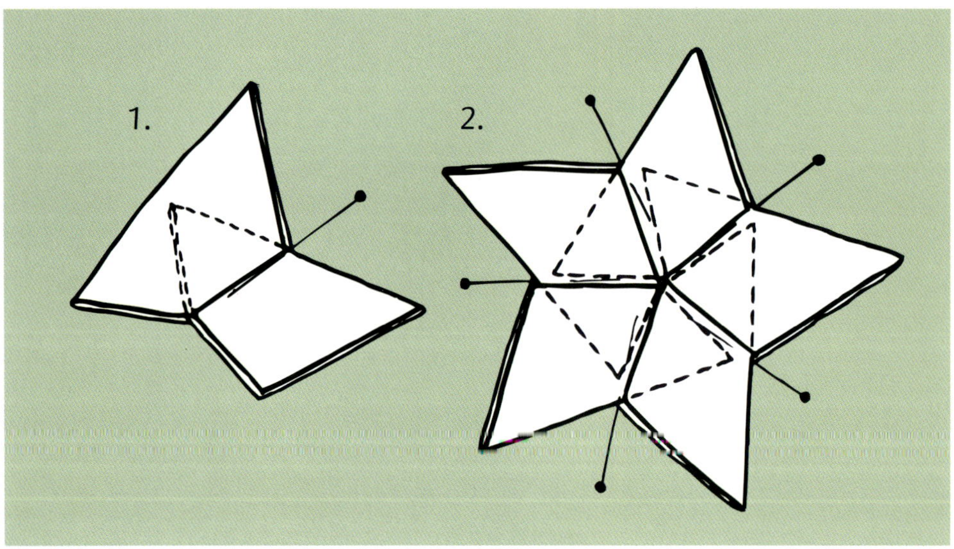

- Klip delene i karton.
- Beklæd kartondelene med pladevat og stof – brug limmetoden, se side 8. Se trådretningen på skabelonen.
- Fold kartondelene sammen og stik dem ind i hinanden, så femstjernen dannes, se tegning 1. og 2.
- Kom lidt fyld i og hold kartondelene sammen med knappenåle som vist på tegningerne.
- Sy sammen fra stjernespidsen og sy et par ekstra sting på »ryggen« af næste stjernespids, se tegning 3.
- Sy en knap på hver side af stjernen midt i som vist på billedet.
- Sæt evt. tråd i til ophæng.

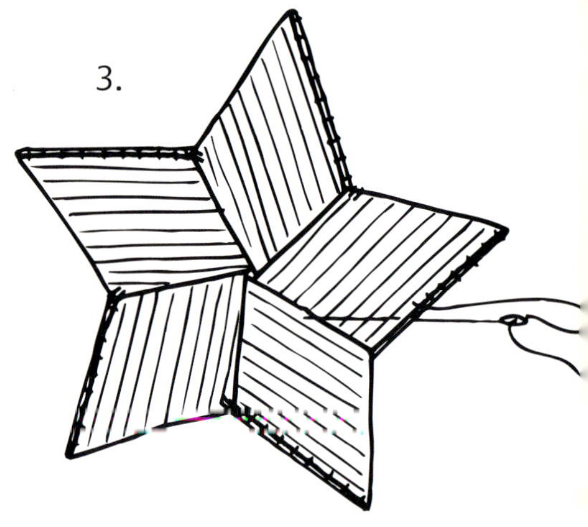

FLETSTJERNE

Denne fletstjerne er inspireret af den klassiske form, der flettes af papirstrimler. Her bliver stjernen dog ikke tredimensional, men flad!

Materialer:
- *mønsterkarton med tern*
- *pladevat*
- *stribet stof*

- Klip delene i karton.
- Beklæd kartondelene med pladevat og stof – brug limmetoden, se side 8. Se striberetningen på billedet.
- Fold kartondelene sammen og stik dem ind i hinanden, så stjernen dannes, se tegning 1. og 2.
- Skub delene helt sammen, så spidserne låses fast i hinanden.
- Sy sammen fra stjernespidsen og sy et par ekstra sting på »bunden« af næste stjernespids, se tegning 3.
- Sæt tråd i til ophæng.

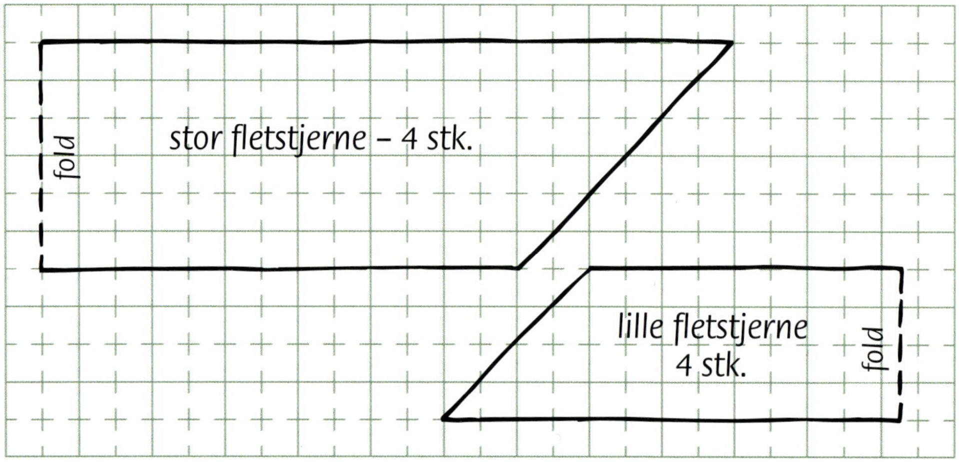

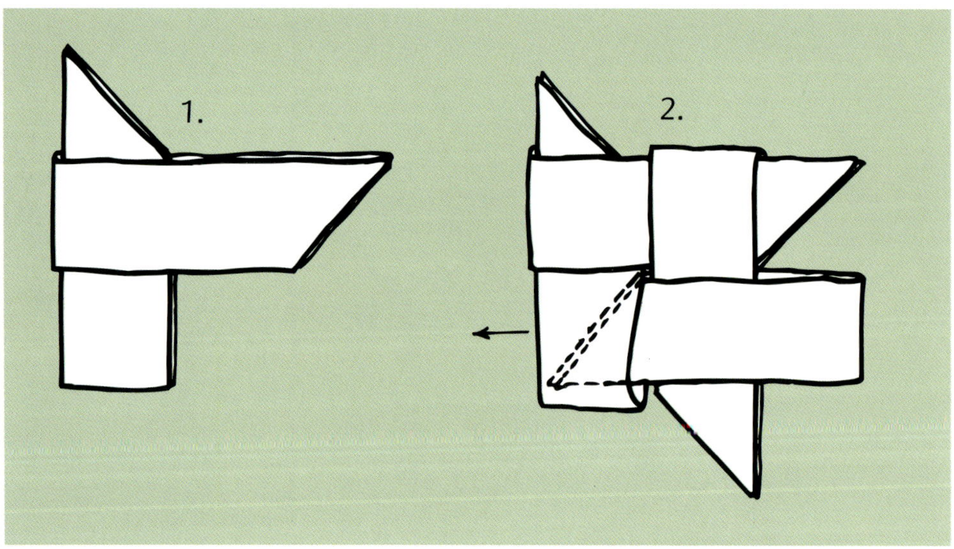

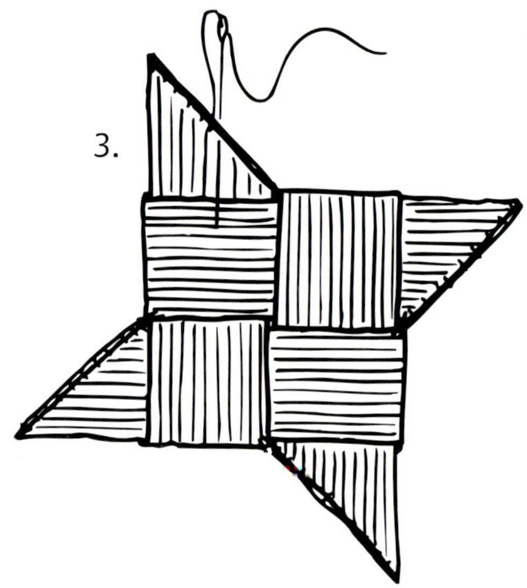

VENSKABSSTJERNE

Den enkle stjerne med fire spidser vil være smuk på juletræet. Eller hvad med at sprøjte en troldhasselgren med guld og hænge stjernerne på den?

Materialer:
- *mønsterkarton med tern*
- *pladevat*
- *stribet stof*

- Klip delene i karton.
- Beklæd kartondelene med pladevat og stof – brug limmetoden, se side 8. Se striberetningen på billedet.
- Fold kartondelene sammen og stik dem ind i hinanden, så stjernen dannes, se tegning 1. og 2.
- Sy sammen fra stjernespidsen og sy et par ekstra sting på »ryggen« af næste stjernespids, se tegning 3.
- Sæt tråd i til ophæng.

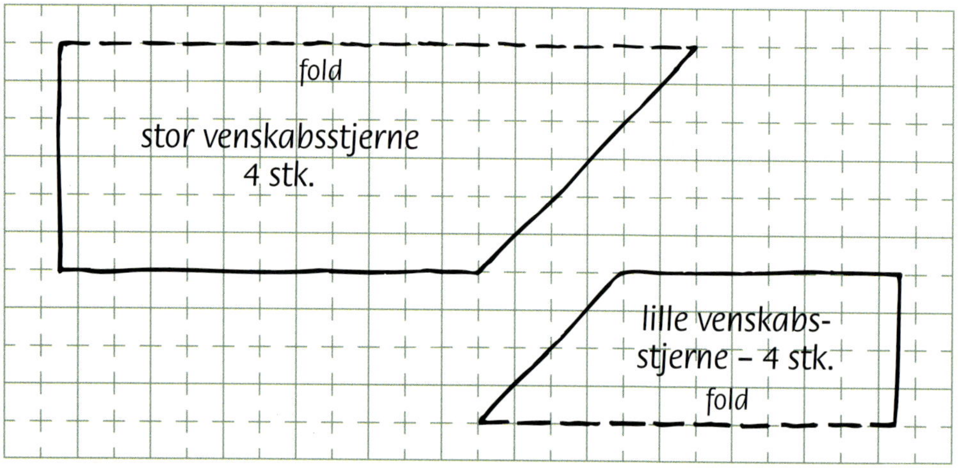

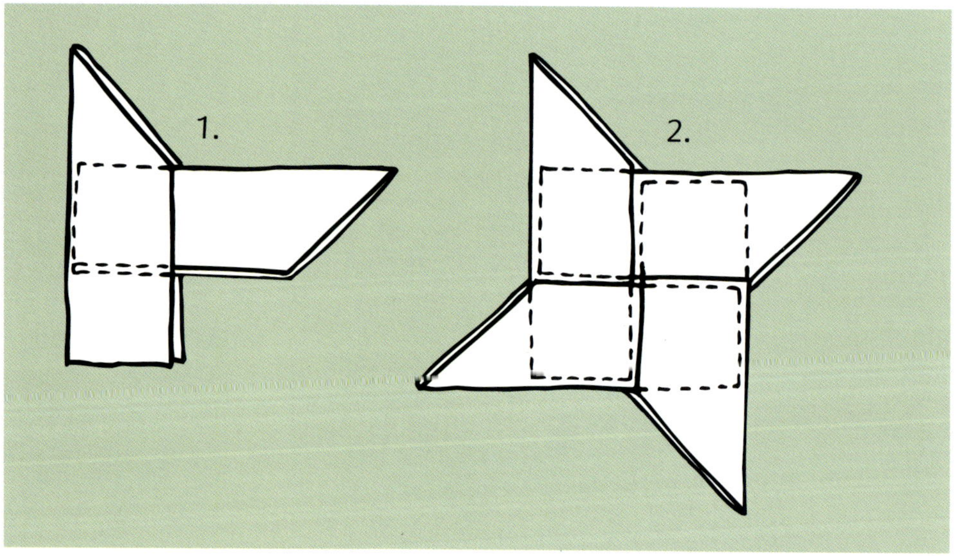

3.

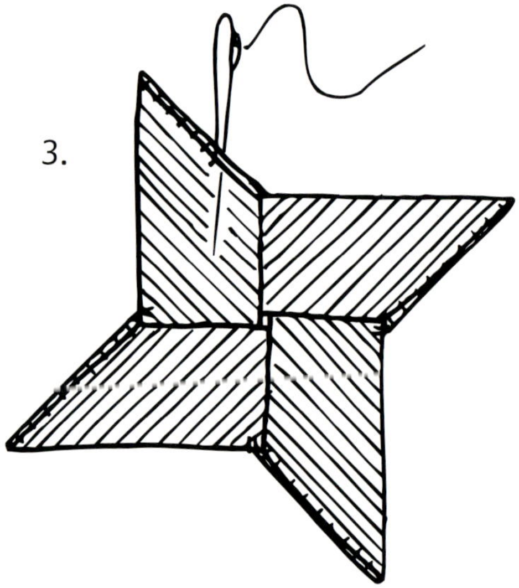

HJERTE

Hjertet er kønt til jul, men det kan også bruges til et bryllup eller måske til en forlovelsesfest.

Materialer:
- *mønsterkarton med tern*
- *pladevat*
- *lidt fyld*
- *røde silker og stoffer*
- *totrådet hørtråd til hank*

- Klip delene i karton.
- Beklæd kartondelene med pladevat og stof – brug limmetoden, se side 8.
- Flet siderne ind i hinanden, se tegning 1.
- Stop lidt fyld i.
- Lav en hank af henholdsvis 15 og 25 cm hørtråd til det lille og det store hjerte.
- Fold tråden sammen på midten og bind enderne sammen med en knude.
- Stik knuden ned i hjertet, så resten af tråden danner hank.
- Sy sammen foroven langs »hjertebuerne« med hanken imellem som vist på tegning 2.

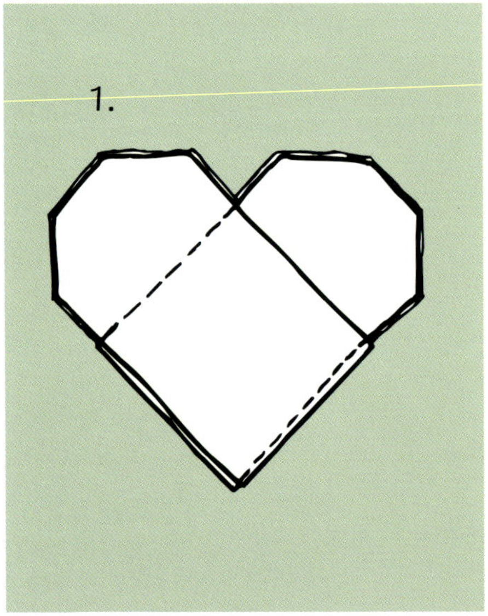

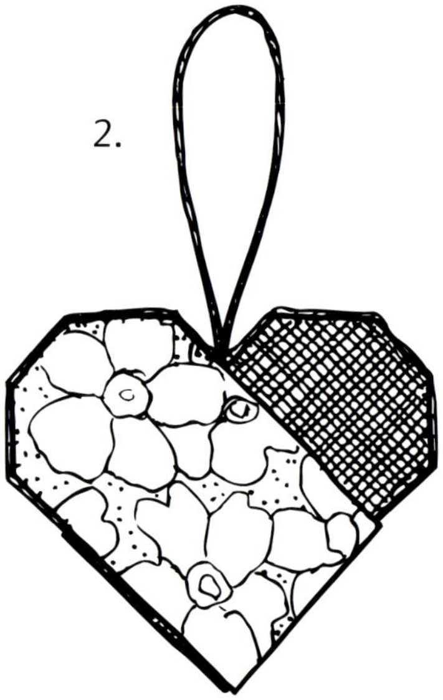

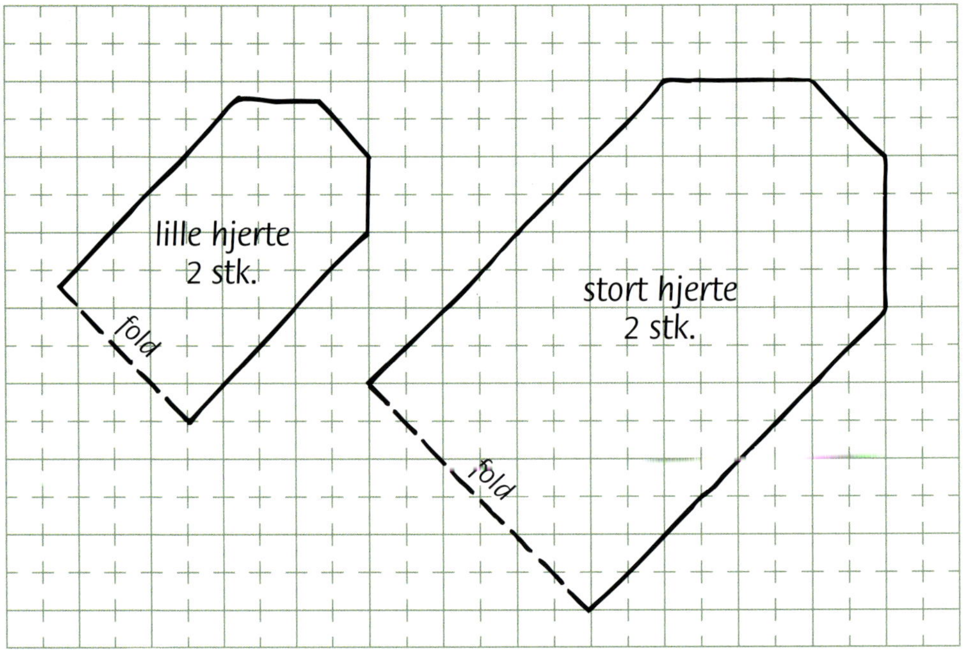

STJERNEKRANS

Stjernerne, der hver består af seks trekanter, sys sammen som en krans. På billedet ses, hvordan en stor stjernekrans er applikeret på en grydelap.

Materialer:
- *mønsterkarton med trekanter*
- *pladevat*
- *lidt fyld*
- *forskellige stoffer i matchende farver*
- *guldstof*

- Beklæd kartondelene med pladevat og to farver stof – tre af hver.
- Fold kartondelene sammen til trekanter, kom lidt fyld i og sy.
- Placer trekanterne som vist på tegning 1.
- Sy dem sammen til en stjerne som vist på tegning 2. Der sys fra begge sider.
- Sæt tråd i til ophæng.

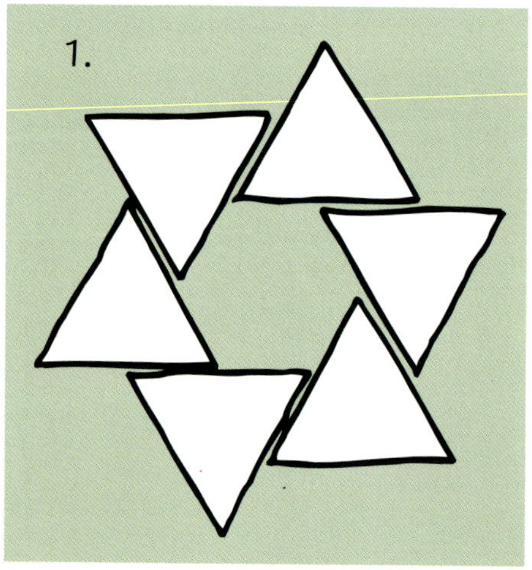

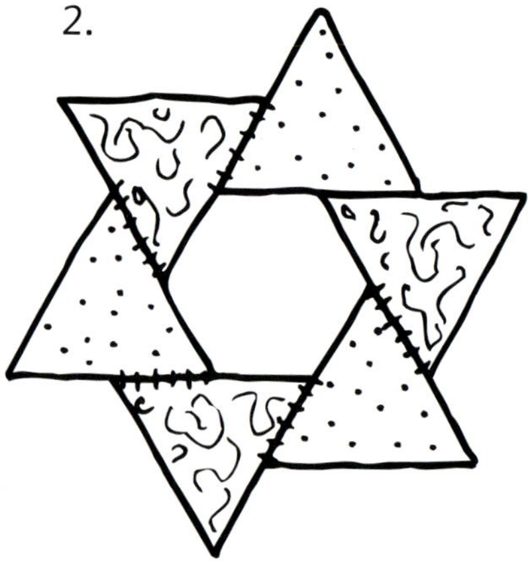

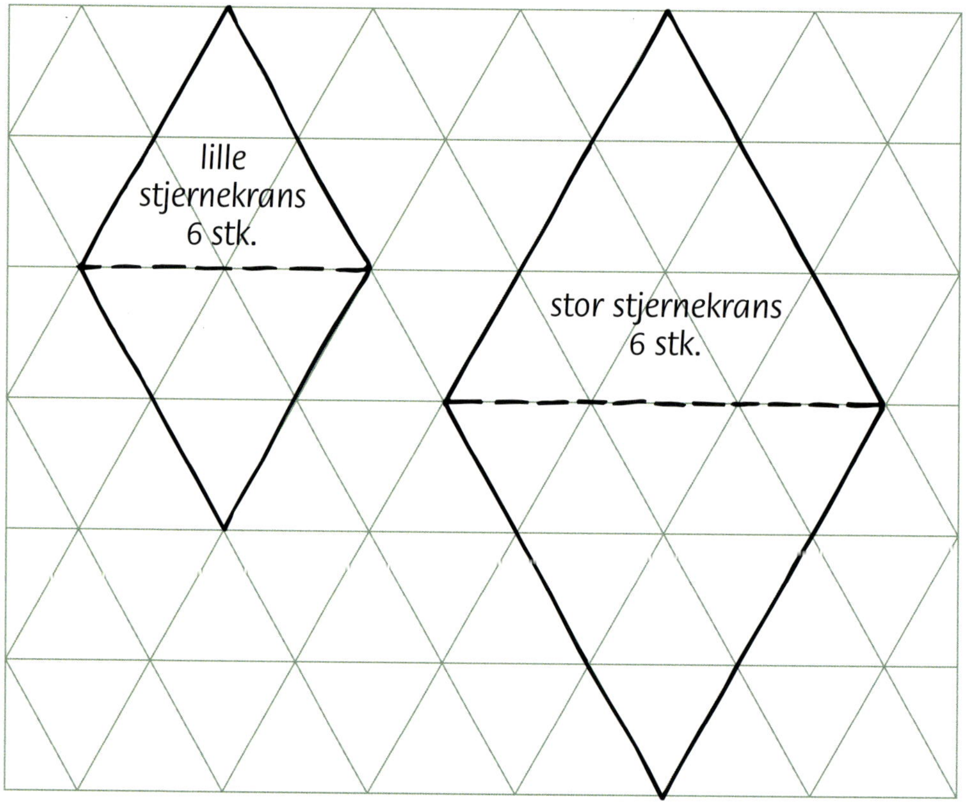

KURV

De små kurve med skrå sider kan bruges både til jul og påske, alt efter hvilke stoffer de sys i.

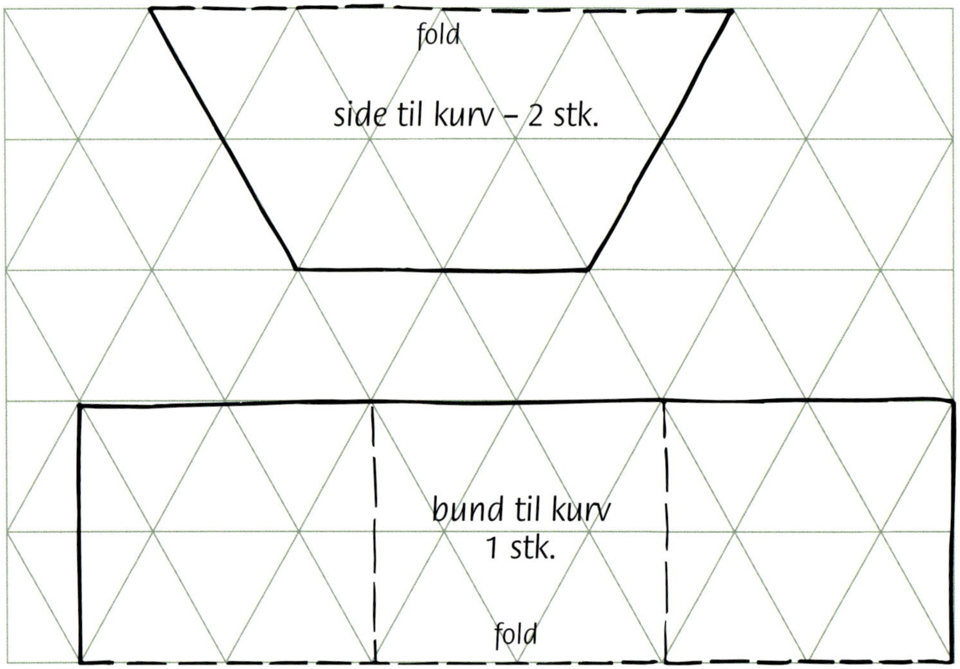

Materialer:

- *mønsterkarton med trekanter*
- *pladevat*
- *to forskellige stoffer i matchende farver*
- *20 cm kraftig snor til én hank*

- Klip delene i karton.
- Beklæd kartondelene med pladevat og stof.
- Fold kartondelene sammen og sy.
- Placer delene som vist på tegning 1. og sy sidestykkerne på som vist på tegning 2.
- Slå knude på snorens ender og sy den på som hank som vist på tegning 3. Der sys fra ydersiden.

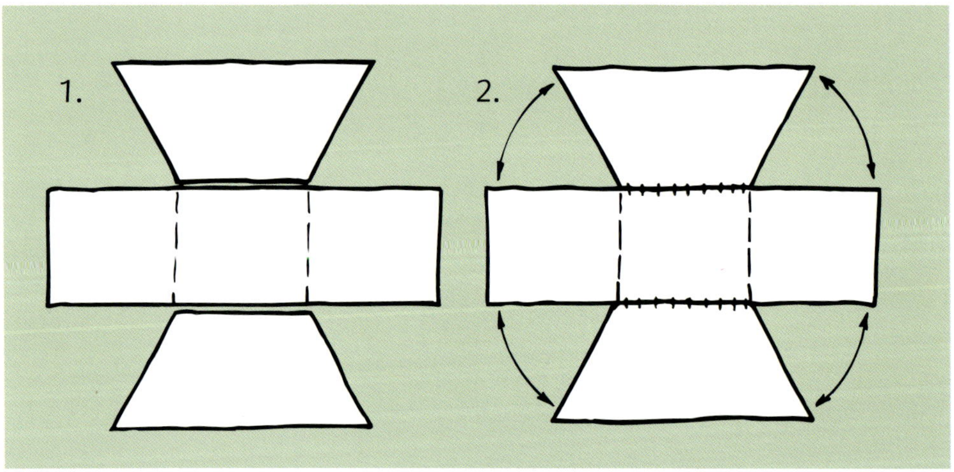

3.

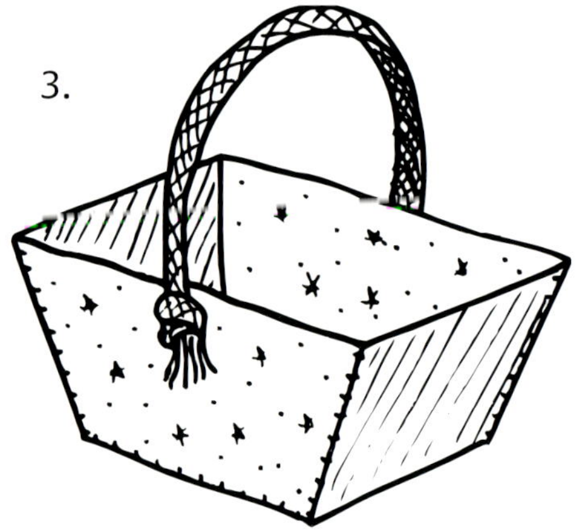

PYNTESTJERNE

Stjernen sys af fire dele, der samles som vist nedenfor. Når stjernen er syet sammen, stikkes der små nipsenåle med guldhoveder i som vist på billedet.

Materialer:
- *mønsterkarton med trekanter*
- *pladevat*
- *silker i matchende farver*
- *nipsenåle med guldhoveder*

- Klip delene i karton.
- Femkanterne foldes og sys sammen til trekanter som forklaret på side 10 – femkanterne beklædes parvis med to matchende silker.
- Læg trekanterne ind i hinanden som vist på tegning 1.
- Sy trekanterne sammen på bagsiden med små sting ved spidserne, se tegning 2.
- Stik nipsenåle i til pynt som vist på tegning 3.
- Sæt evt. tråd i til ophæng.

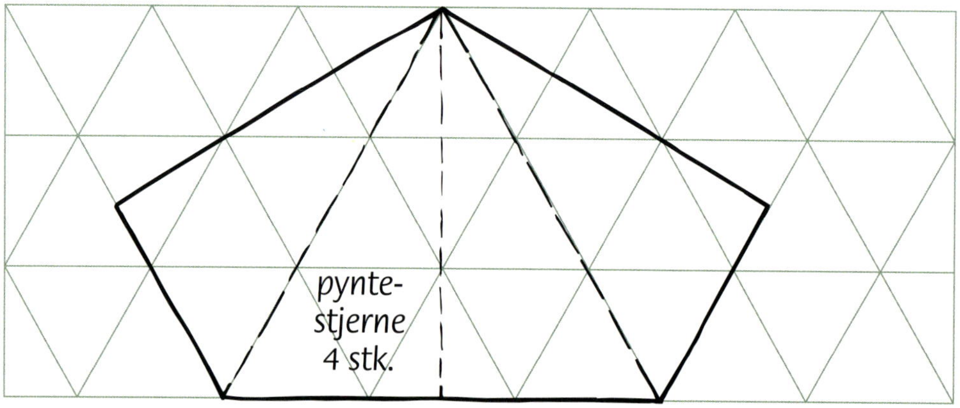

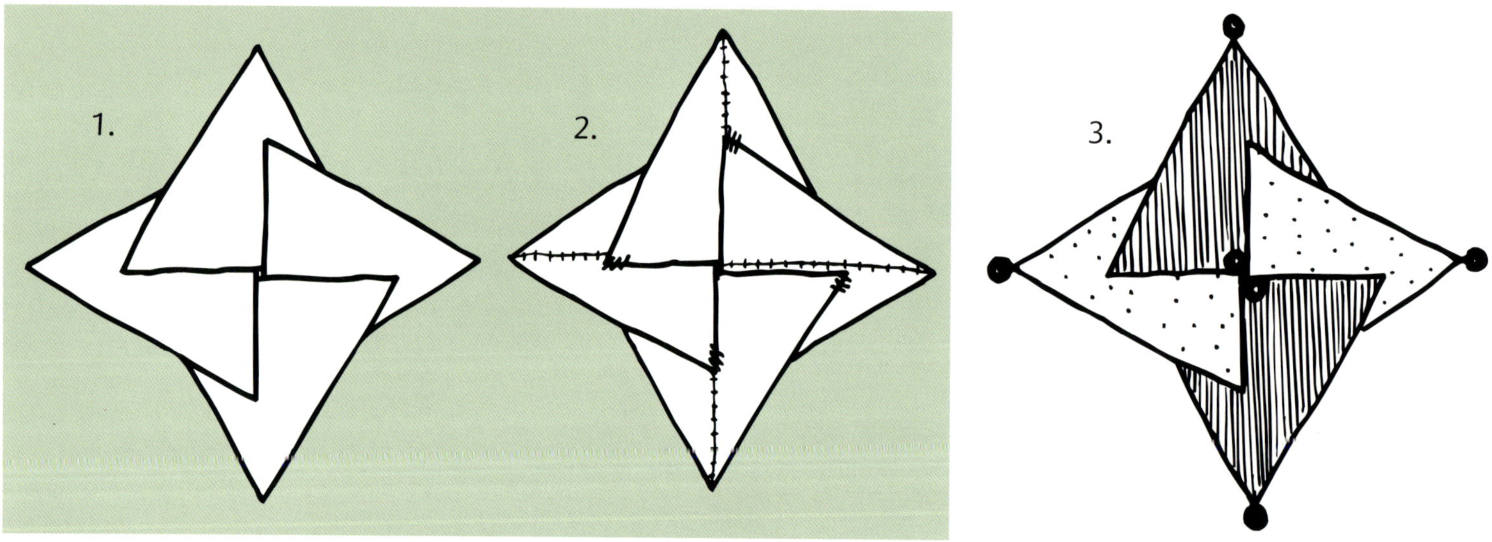

MIDNATSSTJERNE

Materialer:
- *mønsterkarton med trekanter*
- *pladevat*
- *to forskellige stoffer i matchende farver*

- Klip delene i karton.
- Kartonfemkanterne foldes og sys sammen til trekanter som forklaret på side 10.
- Beklæd derefter kartontrekanterne med pladevat og stof.
- Fold disse trekanter sammen og sy.
- Fold de to store trekanter sammen på midten, så sømmene midt bag vender udad.
- Sy de to store trekanter sammen fra top til bund med sømmene mod hinanden.
- Sy de fire små trekanter sammen foroven og 2,5 cm ned, se tegning 1.
- Stik de to forme ind i hinanden og hæft hjørnerne fast med små sting, se tegning 2.
- Sæt tråd i til ophæng.

1.

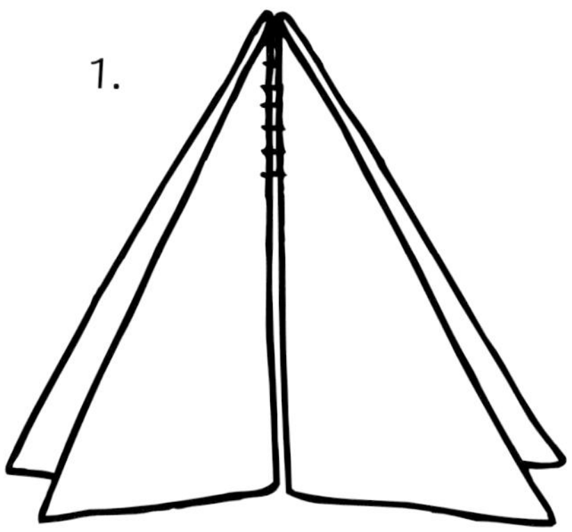

2.

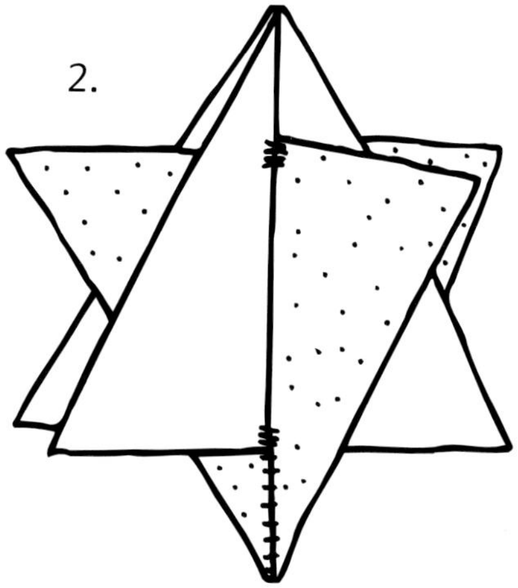

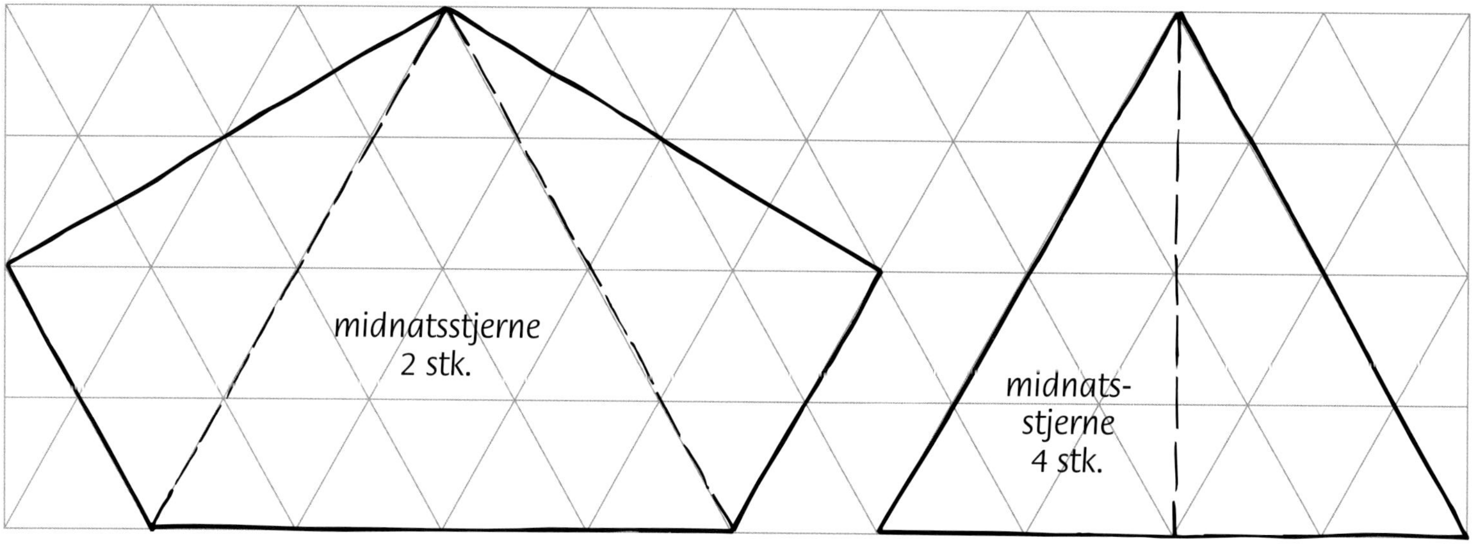

MØLLESTJERNE

Møllestjernen hører ikke til de enkleste modeller at forklare, men når man først har forstået systemet, er stjernerne ikke vanskelige at sy.

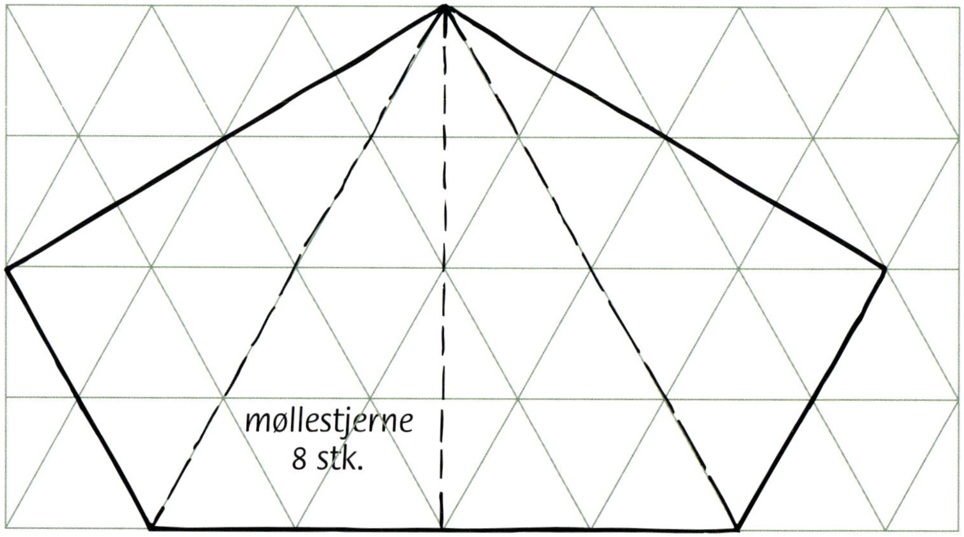

Materialer:
- *mønsterkarton med trekanter*
- *pladevat*
- *to forskellige guldstoffer*

- Klip delene i karton.
- Femkanterne foldes og sys sammen til trekanter som forklaret på side 10 – fire af femkanterne beklædes med ét guldstof og fire med et andet guldstof.
- Fold trekanterne sammen på midten, så sømmen midt bag vender udad.

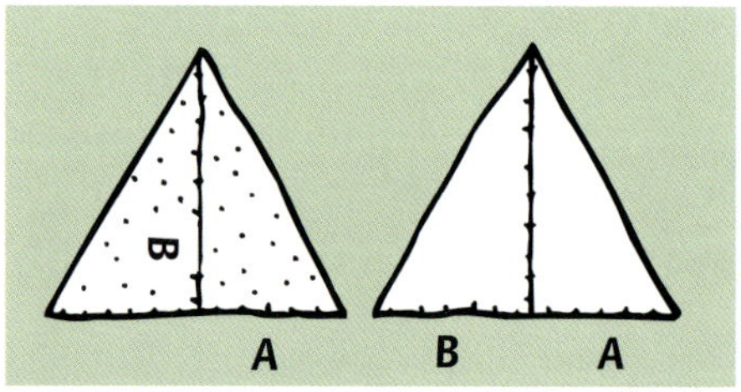

- Fold trekanterne ud igen.
- Læg to trekanter med hvert sit guldstof oven på hinanden, så midtersømmen på begge trekanter vender opad, se tegning 1.
- Sy trekanterne sammen langs A.
- Fold trekanterne ud.
- Fold trekanterne som vist på tegning 2. og sy sammen langs B.
- Sy de tre andre par sammen på samme måde.
- Sy to par (fire trekanter) sammen til én side – en halv møllestjerne – som vist på tegning 3.
- Sy den anden side på samme måde.
- Læg de to stjernesider sammen med de flade sider mod hinanden, så spidserne mødes, se tegning 4.
- Sy spidserne sammen med små sting.
- Sæt tråd i til ophæng.

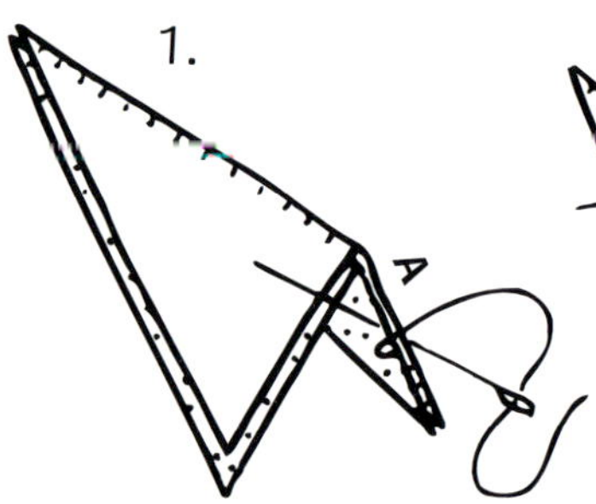

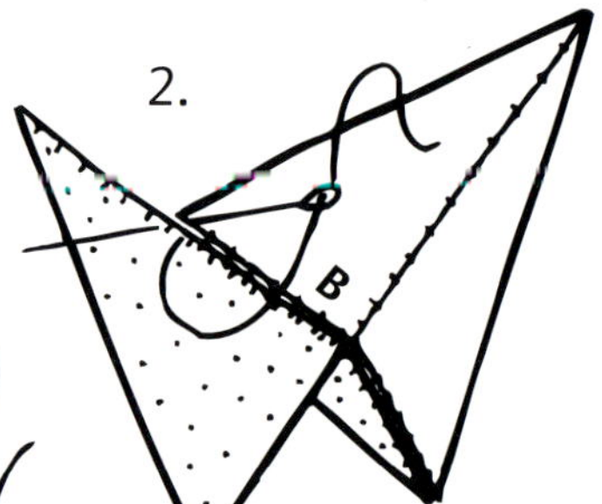

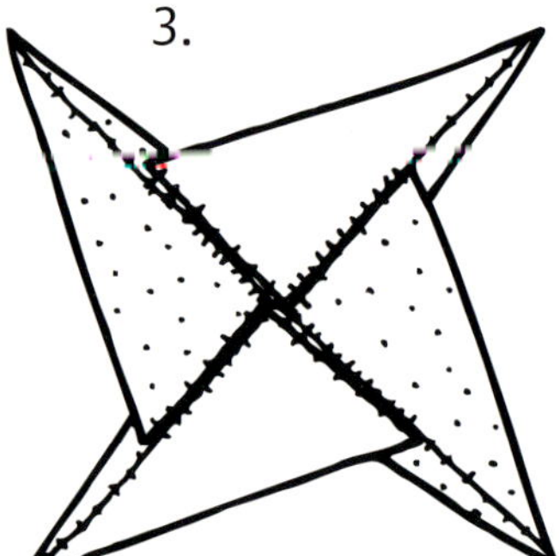

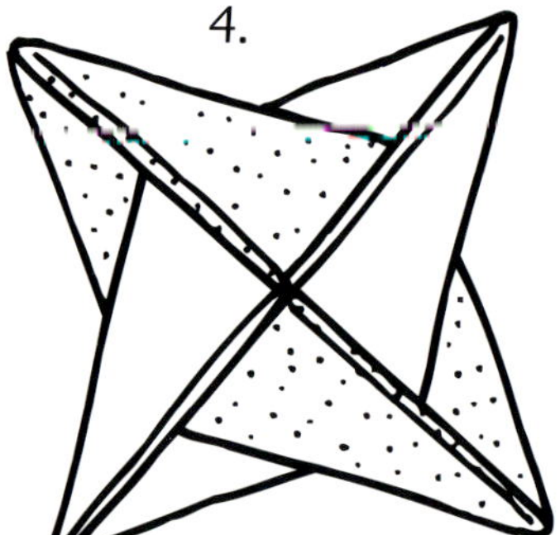

ENGEL

Englene kan hænges op enkeltvis eller som en uro, se billedet på næste side og på side 55. De er også smukke på en juleløber, hvor der evt. broderes med guldtråd.

Materialer:

- *mønsterkarton med trekanter*
- *pladevat*
- *lidt fyld*
- *stoffer i matchende farver til hoved, kjole og vinger*

- Klip delene i karton – hovedet kan tegnes efter en tokrone.
- Beklæd kartondelene med pladevat og stof.
- Fold kjolen og sy kjolesømmen midt bag.
- Stop lidt fyld op i kjolen og sy bunden.
- Fold vingerne, kom lidt fyld i og sy sammen.
- Sy de to vinger sammen langs midten, så der dannes et hjerte.
- Hold de to hoveddele sammen, sy trekvart omgang og stop lidt fyld i.
- Sy hovedet fast på begge sider af kjolens top som vist på tegning 1.
- Sy vingerne fast midt bag på kjolen med et par sting foroven og forneden, se tegning 2.
- Sæt tråd i til ophæng.

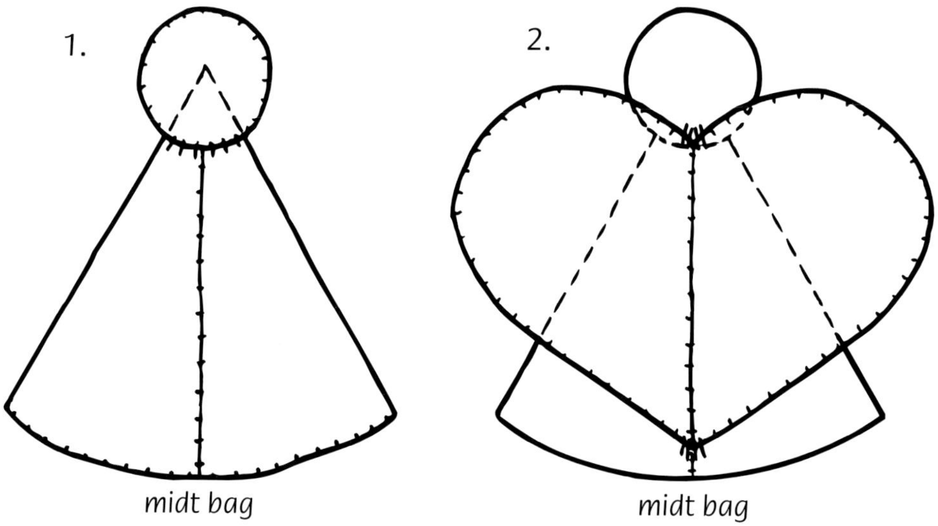

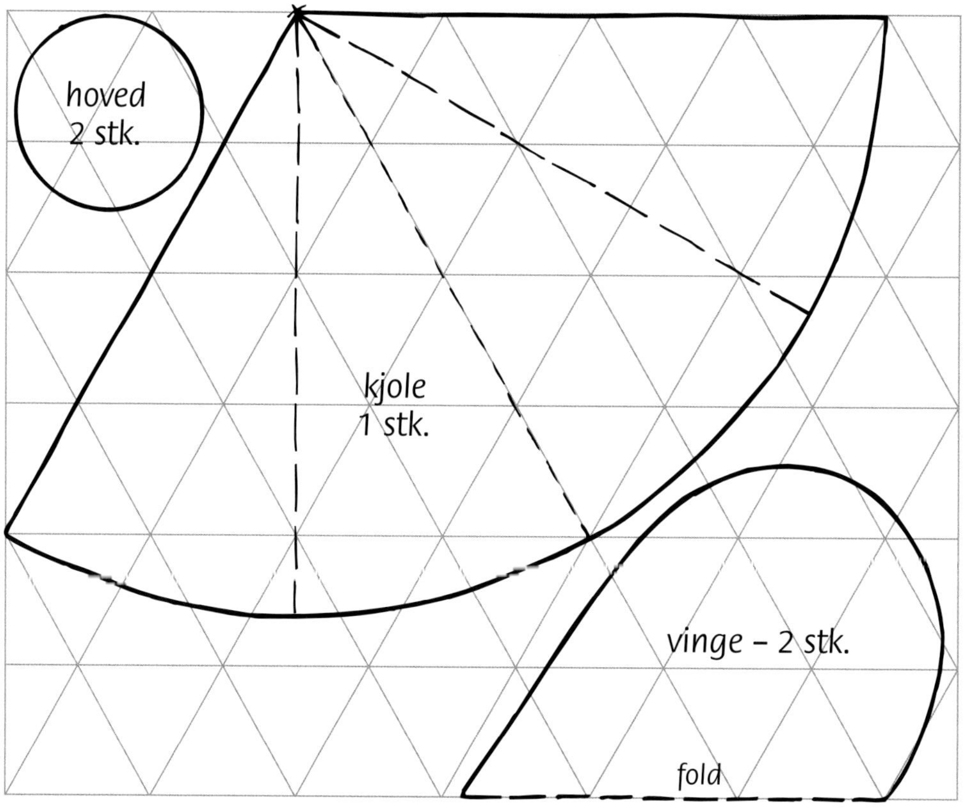

SVIRVLENDE HJERTE

Hjerterne er smukke til jul, men de vil også være dekorative til et bryllup. F.eks. som bordpynt eller hængende på grene. Billedet viser hjertet brugt som pynt midt i en uro.

Materialer:

- *mønsterkarton med trekanter*
- *pladevat*
- *lidt fyld*
- *stoffer i matchende farver*

- Klip delene i karton.
- Beklæd kartondelene med pladevat og stof.
- Fold hjerterne, så retsiden kommer ud, kom lidt fyld i og sy sammen.
- Læg hjerterne parvis mod hinanden og sy dem sammen på midten.
- Fold de to hjerter sammen, så sømmene vender udad og sy dem sammen som vist på tegningen.
- Sæt tråd i til ophæng.

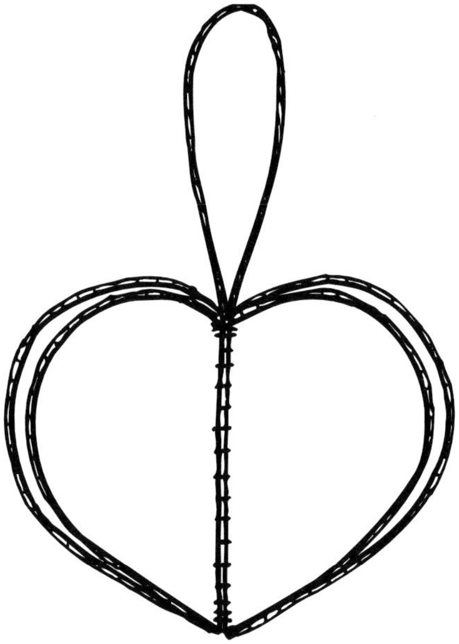

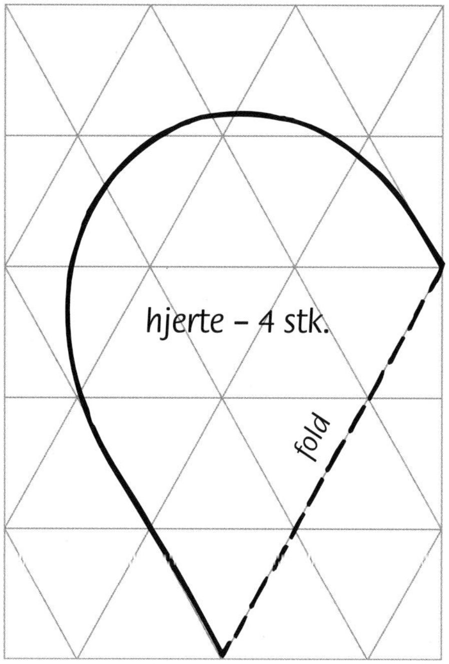

URO

Til uroens top bruges en halv møllestjerne, se side 50. Som pynt kan bruges fire engle, se side 52, og et svirvlende hjerte – se denne side. Desuden skal der bruges træperler, knappenåle og quiltetråd til ophæng.

- Sæt træperler på knappenåle og stik dem i stjernespidserne – kom evt. lidt lim på knappenålene.
- Sæt tråd i hjertet og sy det fast midt i stjernetoppen.
- Klip fire lige lange stykker quiltetråd og sy ophæng i englene.
- Hæng englene på stjernespidserne.
- Klip to tråde på 150 cm til ophæng.
- Bind trådene sammen til to løkker.
- Hæng løkkerne diagonalt på stjernespidserne omkring knappenålene med perler, så de krydser hinanden.
- Juster nu uroen, så den hænger i balance.

NISSER

Nissebaby

Nissebabyen passer sammen med nissedrengen og -pigen, der ses på billedet. Beskrivelsen til nissedrengen og -pigen findes på side 58.

Materialer:

- *mønsterkarton med trekanter*
- *pladevat*
- *lidt fyld*
- *hudfarvet silke til hoved og ører*
- *rød silke til nissehue*
- *rødternede og -stribede stoffer til nissetøj*
- *rødt og brunt perlegarn til huekvast og øjne*
- *naturtræperler til knapper og sut, 4 mm i diameter*
- *hvid knap til sut*
- *lærred til savleklud*

- Klip delene i karton, se side 59.
- Beklæd kartondelene med pladevat og stof. Til beklædning af hovedet og fødderne er det nemmest at bruge rynkemetoden, se side 8.
- Klip to silkestykker på hver 3 x 3 cm til ører.
- Læg en lille smule fyld på stoffet, træk en ritråd langs stoffets kant og rynk det sammen omkring fyldet.
- Læg ørerne imellem, når hovedet sys, se billedet.

- Fold kartondelene til hovedet, blusen og bukserne sammen, kom lidt fyld i og sy – buksernes nederste kant skal ikke sys endnu.
- Femkanten til huen foldes og sys sammen til en trekant med lidt fyld i som forklaret på side 10.
- Fold ikke fødderne sammen, men stik den ene halvdel op i bukserne som vist på tegning 1.
- Fold den synlige halvdel op, så forsiden vender ud.
- Sy fødderne fast som vist på tegning 2. – derefter sys den nederste buksekant sammen.
- Sy delene sammen som vist på billedet og tegningen ovenfor – midtersømmen på huen skal vende bagud.

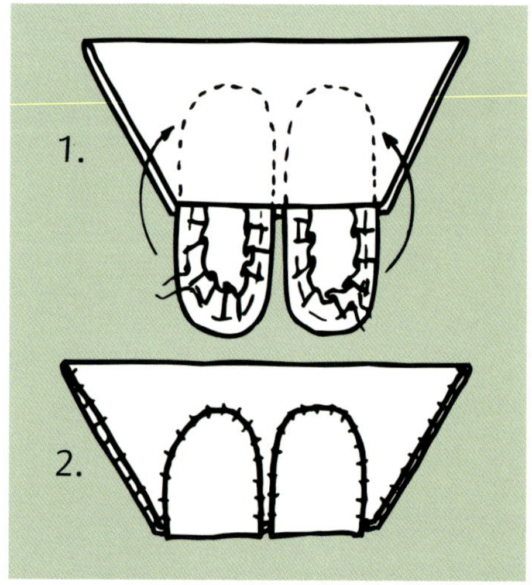

- Fold ærmerne ind over kroppen og hæft dem fast med et par sting.
- Sy en kvast af rødt perlegarn på huens top.
- Sy øjne med brunt perlegarn som vist på billedet.
- Sy en sut af en knap og en perle som vist på billedet.
- Sy to perler fast bagpå som knapper, se billedet.
- Tegn fregner med en vandfast tuschpen og mal kinder med en rød farveblyant.
- Lav en savleklud af et stykke kvadratisk lærred på 14 x 14 cm, der skæres over diagonalt.
- Bind den ene trekant om halsen.
- Sæt evt. tråd i til ophæng.

NISSER

Nissepige

Nissepigen ses på billedet side 57.

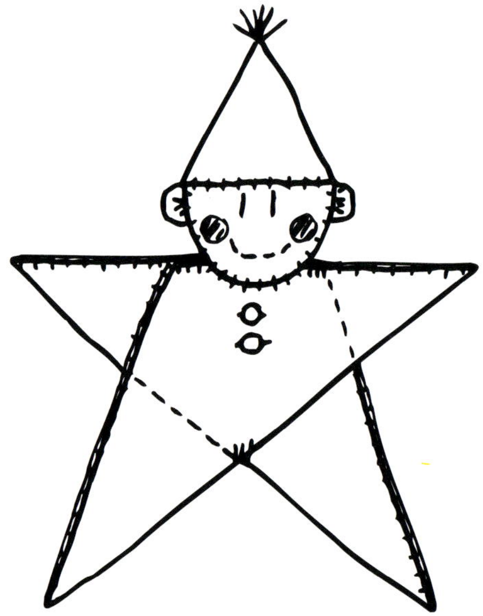

Materialer:
- *mønsterkarton med trekanter*
- *pladevat*
- *lidt fyld*
- *hudfarvet silke til hoved og ører*
- *rød silke til nissehue*
- *rødternet og -stribet stof til nissetøj*
- *naturtræperler til knapper, 4 mm i diameter*
- *brunt og rødt perlegarn til øjne, mund, huekvast og sløjfer*
- *ni stykker totrådet hørtråd til fletninger, 20 cm lange*

- Klip delene i karton, se næste side.
- Beklæd kartondelene med pladevat og stof – hoved, ører og hue beklædes som forklaret under nissebabyen på forrige side.
- Lav en fletning af hørtråden og bind for enderne med sløjfer.
- Stik midten af fletningen op i huen, inden hovedet sys fast til huen, se tegningen.
- Fold kartondelene sammen, kom lidt fyld i og sy. Kjolen og blusen flettes ind i hinanden som vist på tegningen og på billedet på forrige side.
- Sy delene sammen som vist – midtersømmen på huen skal vende bagud.
- Sy en kvast af perlegarn på huens top.
- Sy øjne og mund med perlegarn som vist på tegningen.
- Sy to perler på blusen som knapper.
- Mal kinder med en rød farveblyant.
- Sæt evt. tråd i til ophæng.

Nissedreng

Nissedrengen ses på billedet side 57. Her bruges samme materialer som til nissepigen, dog undtagen hørtråd.

- Klip delene i karton, se næste side.
- Beklæd kartondelene med pladevat og stof – hoved, ører og hue beklædes som forklaret under nissebabyen på forrige side.
- Fold kartondelene sammen, kom lidt fyld i og sy.
- Sy delene sammen som vist på tegningen – midtersømmen på huen skal vende bagud. Nissedragten hæftes sammen med et par sting forneden.
- Sy en kvast af perlegarn på huens top.
- Sy øjne og mund med perlegarn som vist på tegningen.
- Sy to perler på blusen som knapper.
- Mal kinder med en rød farveblyant.
- Sæt evt. tråd i til ophæng.

Mønstre til nisser, se side 56-58.

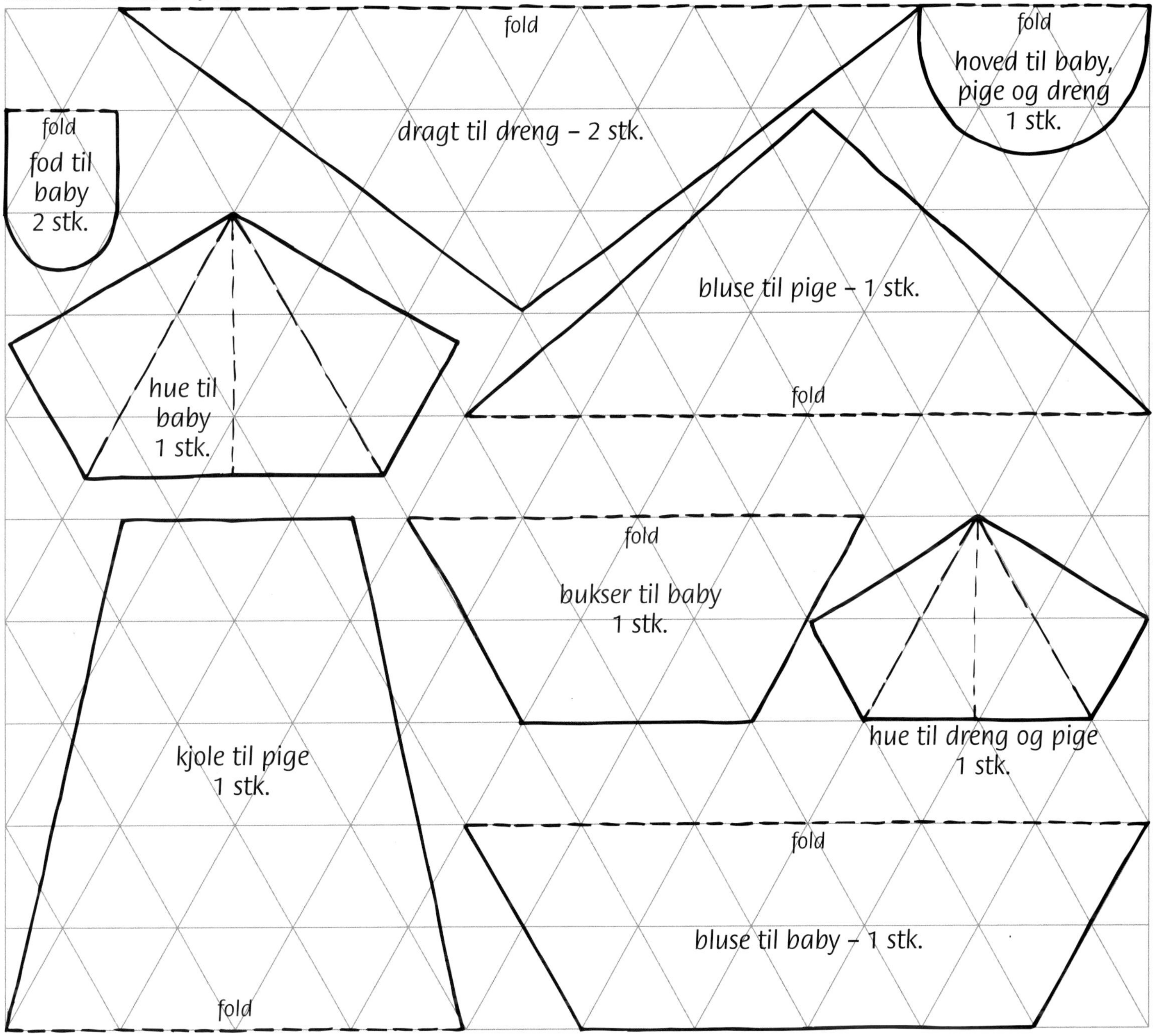

MARCIPANGRIS

Den lille marcipangris sys af lyserød silke og får en rød sløjfe bundet om maven, inden den hænges op. Som det fremgår af billedet, kan grisen også bruges som dekoration på julekort.

Materialer:

- *mønsterkarton med tern*
- *pladevat*
- *lidt fyld*
- *lyserød silke*
- *lidt lyserødt broderegarn*
- *rødt satin- eller silkebånd til én sløjfe*

- Klip kroppen i karton.
- Beklæd kartondelen med pladevat og silke.
- Fold kroppen sammen på midten og kom lidt fyld i – hold sammen med knappenåle.
- Klip to silkestykker på hver 3 x 3 cm og fold dem til grisetæer som vist på tegning 2a.-2d.
- Stik tæerne ind i kroppen, så størrelsen passer, se tegning 1.
- Sy kroppen sammen – tæerne sys fast til kroppen.
- Klip et silkestykke på 4 x 6 cm og fold det til ører som vist på tegning 3a-3f.
- Læg ørerne omkring nakken og sy dem fast til kroppen som vist på tegning 1.
- Brodér øjne som vist – på begge sider.
- Bind en sløjfe omkring maven som vist på billedet.
- Sæt tråd gennem sløjfen til ophæng.

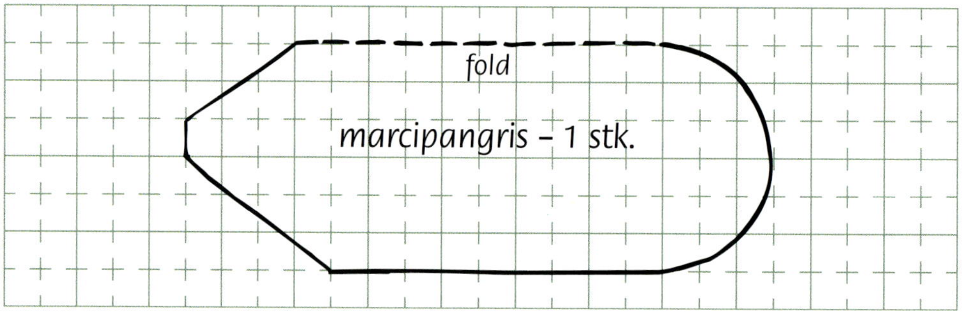

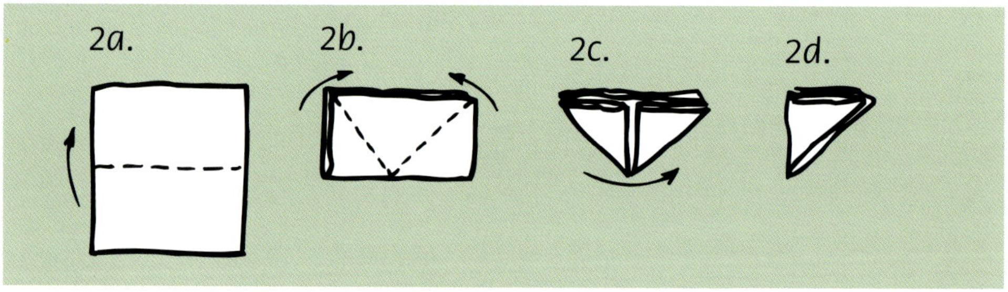

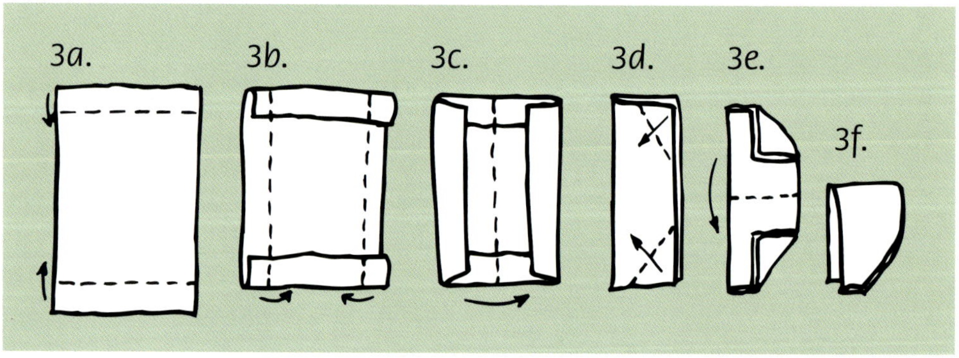

SNEMAND

Snemanden sys i hvidt stof, gerne med lidt mønster som vist på billedet. Som det fremgår, er hvid silke også smuk.

Materialer:
- *mønsterkarton med tern*
- *pladevat*
- *lidt fyld*
- *sort stof til hat*
- *hvidt stof til snemand*
- *10 cm tynd pind til ét kosteskaft (grillpind)*
- *lidt bast til kost*
- *evt. små grene til arme*
- *15 cm rød anoraksnor til ét halstørklæde*

- Klip delene i karton.
- Beklæd kartondelene med pladevat og stof – brug limmetoden, se side 8.
- Fold kartondelene til hatten og skyggen sammen, stik dem ind i hinanden og sy sammen som vist på tegningen.
- Fold kartondelene til snemanden sammen og kom lidt fyld i.
- Stik kartondelene ind i hinanden og hold sammen med knappenåle.
- Lav en kost af pinden og lidt bast.
- Stik kosten gennem overkroppen.
- Klip evt. et par små grene til som arme og stik dem ind i kroppen.
- Sy snemanden sammen som vist på tegningen.
- Sy et par ekstra hæftende sting, hvor kartondelene går ind i hinanden.
- Sy hatten fast oven på hovedet fra begge sider.
- Bind halstørklædet omkring halsen som vist på billedet.
- Sæt evt. tråd i til ophæng.

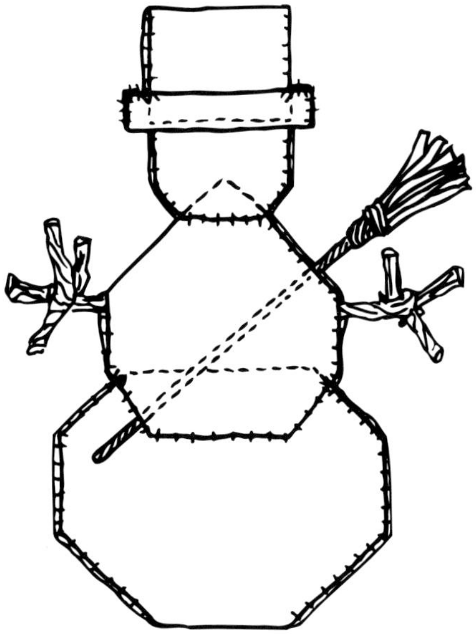

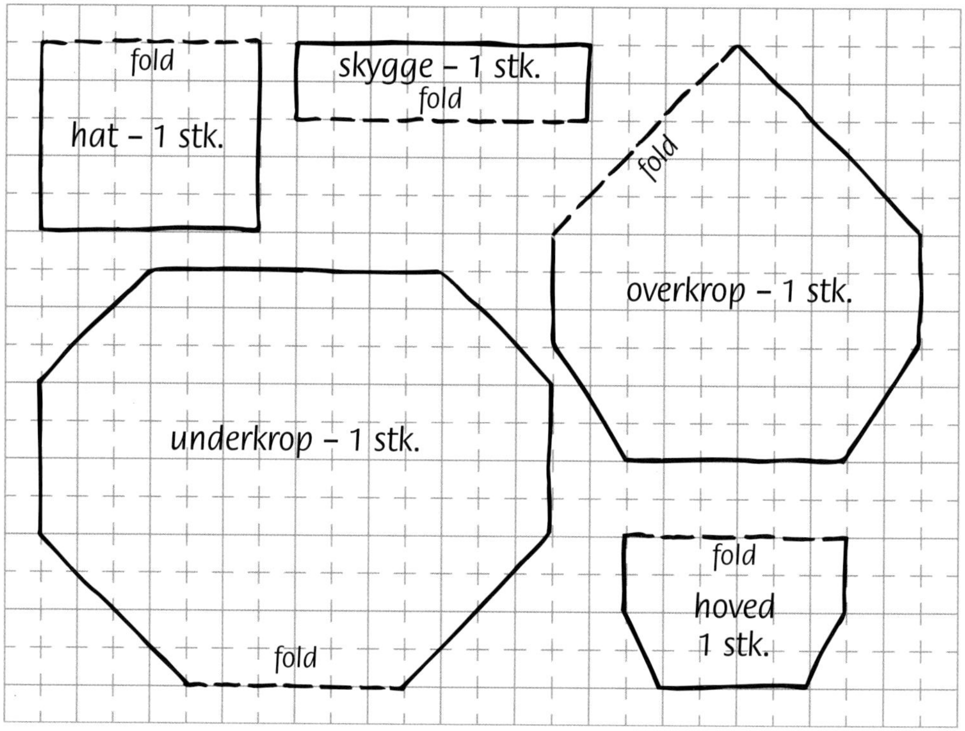

GRANTRÆ TIL OPHÆNGNING

Materialer:
- *mønsterkarton med trekanter*
- *pladevat*
- *lidt fyld*
- *forskellige grønne stoffer i matchende farver*
- *brunt stof til stamme*

- Klip delene i karton.
- Beklæd kartonfemkanterne med pladevat og stof – brug limmetoden, se side 8.
- Femkanterne foldes og sys sammen til trekanter som forklaret på side 10 – bunden skal ikke sys endnu.
- Beklæd stammen med pladevat og stof.
- Fold stammen sammen og sy.
- Stop lidt fyld op i de tre største trekanter.
- Stik de fire trekanter ind i hinanden som vist på tegningen – den mindste øverst.
- Stik stammen halvt op i den nederste trekant.
- Sy træet sammen som vist på tegningen.
- Sy et par ekstra hæftende sting, hvor kartondelene går ind i hinanden.
- Sæt tråd i til ophæng.

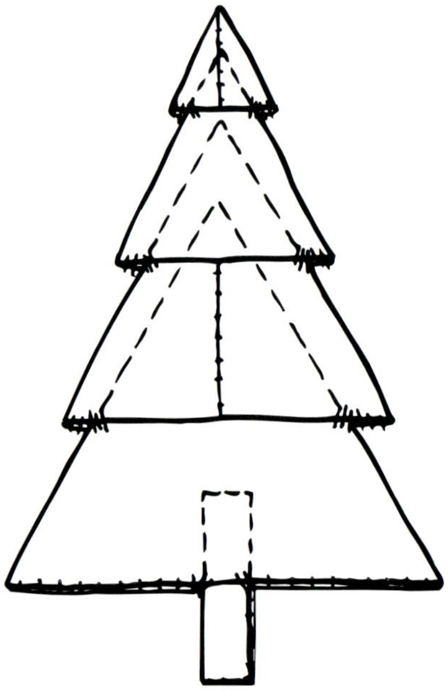

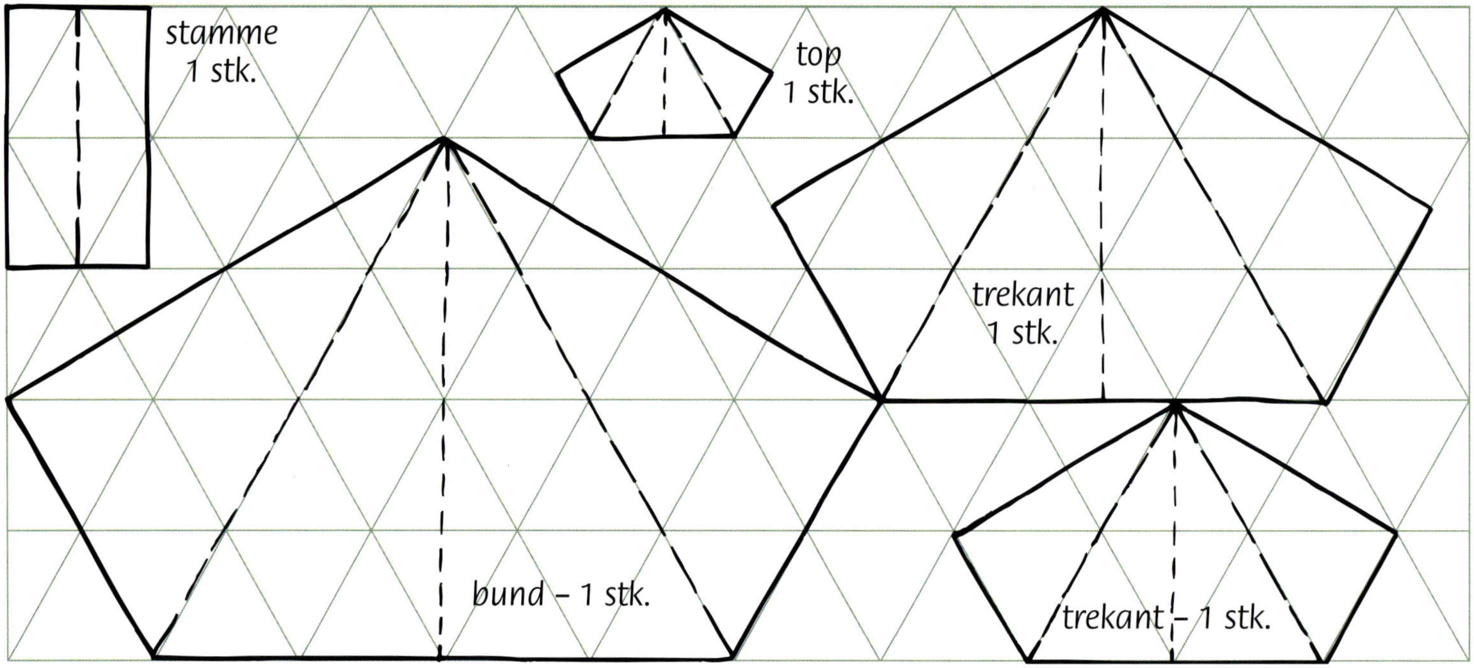

STÅENDE GRANTRÆER

Grantræerne kan, som det fremgår af billedet, sys i tre størrelser. Til det lille grantræ skal der bruges to små trekanter. Til det mellemstore træ to små og to store trekanter. Og til det store træ to små og seks store trekanter.

Materialer:
- *mønsterkarton med trekanter*
- *pladevat*
- *forskellige grønne stoffer i matchende farver*
- *grønne silker*
- *guldstof til topstjerne*
- *nipsenåle med guldhoveder*
- *knappenåle med lille hoved*

- Klip delene i karton, se side 68.
- Beklæd kartonfemkanterne med pladevat og stof – brug limmetoden, se side 8.
- Femkanterne foldes og sys sammen til trekanter som forklaret på side 10.
- Fold først de to små trekanter sammen på midten, så sømmene midt bag vender udad.
- Sy de to trekanter sammen fra top til bund med sømmene mod hinanden som vist på tegning 1. Nu er det lille træ færdigt, men skal træet være større, bruges det lille træ som øverste »etage«.

1.

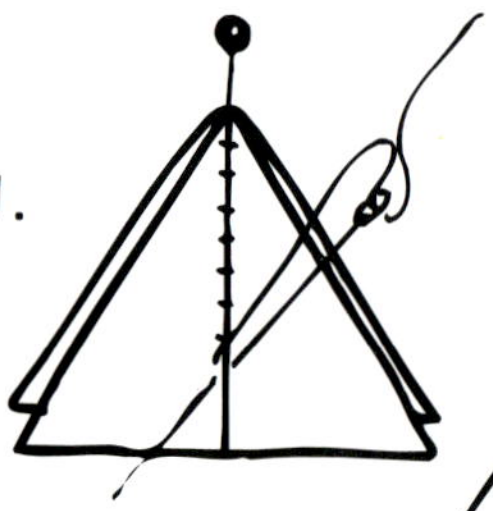

2.

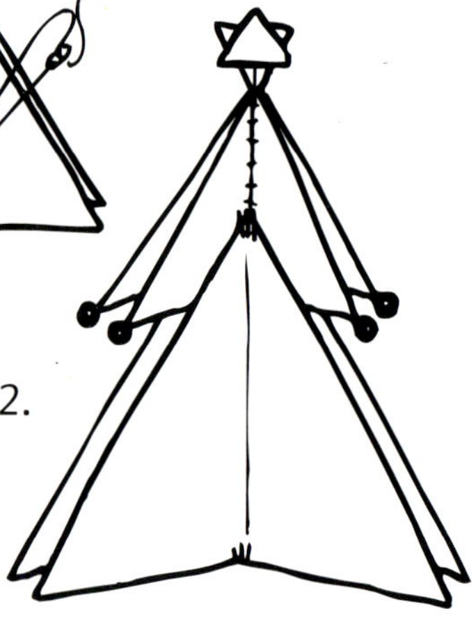

3.

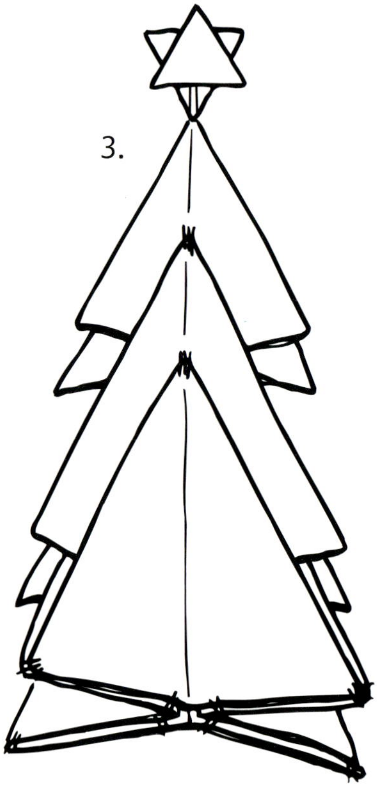

4.

- Til det mellemstore træ sys to store trekanter sammen som netop forklaret, men de øverste 2,5 cm sys ikke.
- Pres den øverste etage ned i åbningen.
- Til den nederste etage på det store træ samles de fire store trekanter som vist på tegning 3 – sy sammen ved de yderste spidser og inde ved midten.
- Stik det mellemstore træ ned i den nederste etage, så spidserne akkurat rører ved den øverste etages nederste kant, se billedet.
- Delene til topstjernen beklædes. Her skal der ikke bruges pladevat, og de to trekanter sys sammen med en knappenål imellem som vist på tegning 4.
- Stik stjernen ned i træets top og pynt evt. med nipsenåle med guldhoveder som vist på billedet.

Mønstre til stående grantræer, se side 66.

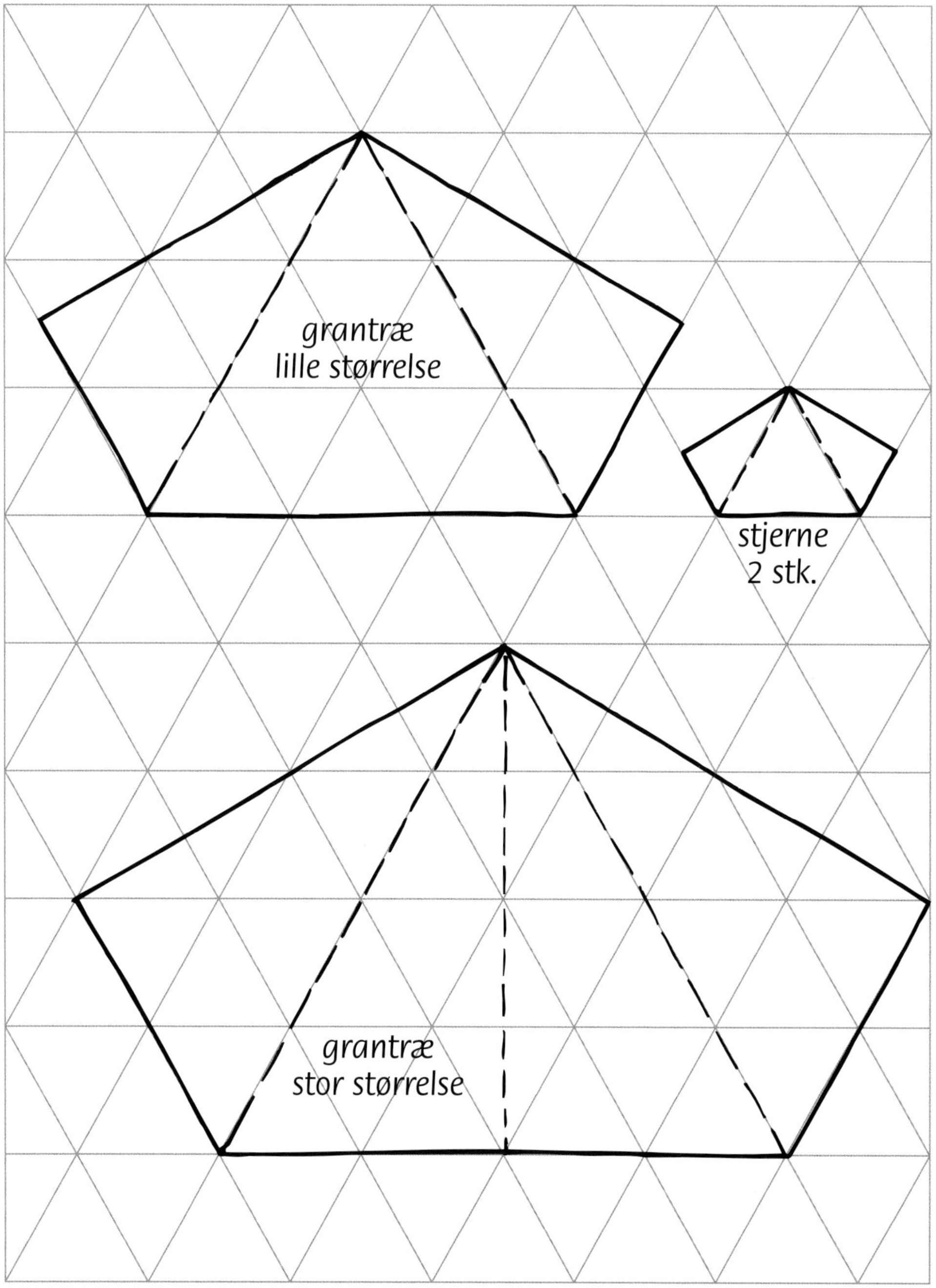

ADRESSELISTE

I dette afsnit er der adresser på en række forretninger, der handler med patchworkartikler.

Alice Linde
Prinsevej 43
5631 Ebberup
Tlf. 6474 1376

Bernina Symaskiner A/S
Kochsgade 31
5100 Odense C
Tlf. 6611 1024

Busk Hobby
Storegade 14
7700 Thisted
Tlf. 9792 6044

Cotton House
Stine Vilhelmsen
Teglgårdsvej 22
8700 Horsens
Tlf. 7560 1488

Country Håndarbejde
Gendarmergården
Smedelundsgade 22 M
4300 Holbæk
Tlf. 5343 4022

Den Gule Butik
Adelgade 6
6000 Kolding
Tlf. 7552 9522

Elda
Korsørvej 31
4200 Slagelse
Tlf. 5353 1140

Fredensborg Indkøbscentral
Lyngby Storcenter
2800 Lyngby
Tlf. 4587 8911

Fredensborg Indkøbscentral
Nørregade 18
5000 Odense C
Tlf. 6614 6644

Fredensborg Indkøbscentral
Næstved Stor-Center
4700 Næstved
Tlf. 5577 6060

Fredensborg Indkøbscentral
Aalborg Storcenter
9200 Aalborg
Tlf. 9818 9922

Fredensborg Indkøbscentral
Rødovre Centrum
2610 Rødovre
Tlf. 3641 6665

Fredensborg Indkøbscentral
Badstuegade 5-7
8000 Århus C
Tlf. 8618 2222

Fredensborg Indkøbscentral
Kolding Storcenter
6000 Kolding
Tlf. 7550 9270

Fredensborg Indkøbscentral
Højvangen 10
3480 Fredensborg
Tlf. 4848 1444

Fredensborg Indkøbscentral
Enghavevej 9-11
7100 Vejle
Tlf. 7582 7011

Fredensborg Indkøbscentral
Stormgade 155
6715 Esbjerg N
Tlf. 7547 0500

Fredensborg Indkøbscentral
Frederiksberg Centret
2000 Frederiksberg
Tlf. 3811 1024

Fredensborg Indkøbscentral
Nørre Farimagsgade 74
1364 København K
Tlf. 3315 4421

Fru Udesens Kludehus
Holmevej 11, Gevninge
4000 Roskilde
Tlf. 4640 1127

Idé Boden
Ingrid Kongsberg
Bredegade 29
4200 Slagelse
Tlf. 5353 4060

Ideca
Marchen Prisholm
Møllergade 8
5700 Svendborg
Tlf. 6221 2740

Knaphullet
Grøndalvej 20
7790 Thyholm
Tlf. 9787 1540

Kreativ Håndarbejde
Jonna Jensen
Langelandsgade 193
8200 Århus N
Tlf. 8616 9063

Madam Blå
Bente Birk
Højstensgård
Oldvejen 2
3480 Fredensborg
Tlf. 4848 3737

Marienhoffgaarden
Ilse Iversen
Slotsgade 10
8550 Ryomgård
Tlf. 8639 5515

Patchwork Butikken
Trætteskovvej 1,
Vejleby
4970 Rødby
Tlf. 5461 6572

Patchwork Design
Bente Neergård
Lyngbakken 5, Lynæs
3390 Hundested
Tlf. 4234 0364

Patchwork Huset
Jernbanevej 6
2600 Glostrup
Tlf. 4342 4234

Patchwork Kælderen
Kirsten Juhl
Peter Toftsvej 1
6000 Kolding
Tlf. 7553 4891

Patchworkgården
Krogtoftevej 171
9480 Løkken
Tlf. 9899 9036

Pedari Patchwork
Vester Kirkestræde 14
8900 Randers
Tlf. 8642 9840

Quiltegalleriet
Sdr. Jernbanevej 16
3400 Hillerød
Tlf. 4225 3043

Quilter's Paradise
Else Hvass
Højbro Plads 13
1200 København K
Tlf. 3391 6650

Rødovre Patchwork
Susanne Corneliussen
Roskildevej 258
2610 Rødovre
Tlf. 3670 1904

Stige Patchwork Design
Rita Kallesen
Lodsvej 47, Stige
5270 Odense N
Tlf. 6618 6820

Stjerne Stoffer
Frederikssundvej 181 B
2700 Brønshøj
Tlf. 3128 5575

Stof og Mode
Elmegade 28 A
5500 Middelfart
Tlf. 6441 5251

Stof-Huset
Ingrid Knudsen
Østerbæksvej 33
5230 Odense M
Tlf. 6612 4606

Stofkælderen
Lone Jørgensen
Torvegade 49
6700 Esbjerg
Tlf. 7513 4187

Stokværket
Smedetorvet 3
8700 Horsens
Tlf. 7561 8084

Tante Lilla
Højbovej 9
7620 Lemvig
Tlf. 9782 3258

Tekstilværkstedet
Ingrid Reese
Gåskærgade 8
6100 Haderslev
Tlf. 7453 3839

U Design
Gjørdingvej 31
2760 Måløv
Tlf. 4497 5587